以史为镜　可知兴替
以理性思维　可揭示真相

为什么是中国

任志刚◎著

台海出版社

图书在版编目（CIP）数据

为什么是中国／任志刚著. —北京：台海出版
社，2015.5

ISBN 978 – 7 – 5168 – 0614 – 2

Ⅰ.①为… Ⅱ. 任… Ⅲ.①文化史－中国
Ⅳ.①K203

中国版本图书馆 CIP 数据核字（2015）第 113480 号

为什么是中国

著　　者：	任志刚		
责任编辑：	王　艳		
装帧设计：	张子航	版式设计：	红　英
责任校对：	史小东	责任印制：	蔡　旭

出版发行：台海出版社
地　　址：北京市朝阳区劲松南路 1 号　　邮政编码：100021
电　　话：010 – 64041652（发行，邮购）
传　　真：010 – 84045799（总编室）
网　　址：http://www.taimeng.org.cn/thcbs/default.htm
E - mail：thcbs@126.com

经　　销：全国各地新华书店
印　　刷：河北飞鸿印刷有限责任公司
本书如有破损、缺页、装订错误，请与本社联系调换

开　　本：710 mm×1000 mm　1/16
字　　数：156 千字　　　　　　　印　张：13
版　　次：2015 年 7 月第 1 版　　印　次：2023 年 8 月第 3 次印刷
书　　号：ISBN 978 – 7 – 5168 – 0614 – 2

定　　价：46.00 元

中国学人的历史责任

  中国是世界上人口最多的国家。所以在总量指标上，中国处于第一位是正常的，不是第一反而是不正常的。事实上，在人类历史的长河中，中国处于世界前列的位置上曾长达千年以上。但是在 1840 年的时候，它被来自西方世界的暴力打倒了，跌落了下来。此后的一百多年里，中国受到巨大的伤害，差一点亡国灭种。唯一庆幸的是，这种外来伤害引发了中国内部的巨大反思与反弹，从而导致中国发生了十分彻底的革命。革命运动导致中国逆转了坠落的轨迹，重新步入复兴的轨道。

  目前的中国正在复兴路上，这一事实已经被越来越多的人们认可。我们可以乐观地预计，从现在起，再过三十年或许更短的时间，中国将全方位重归世界强国行列。从 1840 年算起到 2040 年，正好是二百年。这二百年里，中国社会经历了衰败、逆转和复兴三个阶段，构成了标准的 V 型反转。自 1840 年鸦片战争失败到 1945 年抗日战争胜利，这一百多年的时间里，中国受到多个工业化国家的侵略、掠夺、屠杀和奴役，这伤痛并不遥远，这伤痕依然历历在目。

二十世纪三四十年代，日寇入侵的十几年就是我们中国近代史上最悲惨的时期。那个时期，中国大半山河沦陷，死亡人数数以千万。数亿中国人在饥寒交迫中苦苦挣扎，中国这美丽的土地变成了尸山血海的地狱。但是，中国人并没有屈服于日寇的刺刀，经过十几年的奋战，最终和世界反法西斯阵营一道获得了抗战的巨大胜利。

这胜利来之不易，这是中国百年以来第一次赢得对外战争的胜利。更为重要的是在与日寇贴身肉搏的拼杀中，我们的民族勇士和中国共产党功不可没。

中国共产党在漫长的也是人类历史上最严酷的血与火的考验中逐渐长大。由于代表了多数中国人的利益，由于领袖集团的无私与智慧，由于找到了克敌制胜的法宝，这个党吸引了无数中华最优秀的儿女。他们不惧死亡、善于斗争，诞生于绝望之余，奋起于屠杀之后，成长于"围剿"之中，壮大于日寇占领区，因而拥有了最强悍的生命力。

正是有了这样一个先锋队，正是有了这样一个核心，所以在抗日战争胜利后，中国共产党逐渐组织起越来越多的民众。仅仅用了三年时间，建立了一个崭新的国家——中华人民共和国。

在局外人看来，中国发生的这场革命表现为暴风骤雨般的迅变。但对参与者而言，这巨变其实是漫长的近三十年艰苦奋斗的历程。更令人庆幸的是中国革命不是来自外力的催产，而是源自内力的积攒。在几十年的时间里，中国人伐骨洗髓，慢慢磨砺自强，实现了脱胎换骨，完成凤凰涅槃式的再生。

然而，全世界尤其是西方知道这场革命的意义的人甚少，直到新中国与美国为首的联合国军在朝鲜半岛兵戎相见，沉重打击了西方强盗。这些曾经随意欺凌中国的强梁们才知道中国人不再是绵羊和鸭子了，而是重新成为凛然不可侵犯的雄狮。从那时起，世界才意识到一个全新的中国已经诞生了。

今天的中国人已经不再直接感受到西方的歧视和敌意了。然而多数人并没有明确意识到，西方的态度是随着中国的逐渐强大而不断改变着。这和平来之不易，是先辈们流血牺牲打出来的。我们一定要记住 1840 年之后一百多年里中国人的苦难历史。事实上西方的某种敌意一直伴随着我们的过去、现在，甚至未来，这就是为什么我们中华民族的逆转和复兴充满艰辛、苦难和牺牲。

如何看待中国革命和建设中的牺牲，这也是中国近代史和现代史研究领域中最重大的课题。这一百多年的时间里，我们无论是从思想上还是文化上，无论是社会组织结构上还是经济上，无论是科技上还是教育上，我们都进行了彻底的反思与否定。除了西方人强加给我们的灾难之外，我们自身内部审视已经到了苛刻的程度。然而所有这些思考和反省，都是为了更好的前进，而不是泄气和阻挠我们进步的步伐。

中国复兴过程中所有的牺牲都是中华民族生存、发展和进步必须的代价。中国共产党人不同于世界上任何政党和组织，就是因为他们革命胜利之后的几十年里并没有去享受，而是自觉地牺牲。其他的阶层或是主动或是被动做出了牺牲，这所有的牺牲都是中华复兴所必须的成本和代价，不是可有可无的。

我们知道，整体而言，中国最低迷的时期是积弱之后引发日寇觊觎，日寇入侵使得中国变成了一片焦土的那些年。抗战胜利之后各种矛盾激化又导致大规模内战的爆发，到中共胜利的时候这个国家已经是一穷二白了。中国的复兴如果是轻而易举水到渠成的事情，还需要动员千万级别的军队殊死拼杀么？中共胜利是中国人用千百万生命做出的选择，这是真实历史。中国人为什么不要蒋介石了？为什么丝毫没有考虑蒋介石是二战胜利国的领袖？就是因为蒋介石集团不能保障中国人都活下去。多数中国人拥护共产党是因为中国共产党是为人民有饭吃，是为人民谋福利。可严峻的形势是当时中国产的粮食大约只够养活三亿人的，然而中国已经有五亿人，还有两亿人没有饭吃，怎么办？这个世界级别的难题是怎么解决的呢？

中国百年积弱的后果并不是那么容易消除的，其实时至今日依然显性存在着，中国多数人体质不强就是证明。新中国成立最初的三十年，中国人的生活还非常艰困，我们的领袖集团带头节俭，强制性实施"三个人的饭五个人吃"的政策。我们民族也因此扛过来了。历史将记载这人类历史上最光辉的一页，这是我们先辈做出的最不可否定的牺牲。要知道在多数人缺少生活必需品的时代，上层人的奢侈就是对底层人民的屠戮，对少数人的放纵就是对多数人的残忍。这道理不难想通吧，这其实只是个立场问题。

随着社会进步和宽容，对中国复兴路也有各种观点。一些在变革中被动牺牲的人们，展示自己的伤痕，也有的抱怨自家的损失，这并不为过，但也并不高尚。这是因为中上阶层从来不认为自己也应该牺牲的缘故，这是一种自私和卑微。事实上，在逆转的过程中，其他阶层做出的牺牲更多。而这所有的牺牲构建了我们复兴的基础，都是值得后人称颂的。如果我们能跳出自己利益的小圈子，站在历史的角度看问题，就会发现我们民族的进步需要全体人民的付出，舍此之外别无他途。

还有些观点，把中国的落后归于自身文化和什么劣根性。其实这是忽略了我们中国挨打的关键，也就是无组织的农耕社会无法抗衡工业化国家的侵略。有的观点甚至埋怨我们没有更早地开放，这种观点完全忽视了我们大失血之后必须闭门疗伤，要知道向世界特别是向西方开放交流是需要自身强壮这样的条件的。

还有一些观点对新中国的外交政策质疑。说我们自己误判美国的战略，错误地敌视美国，耽误了发展机遇。但是这里需要我们想想：不认前朝旧账是因为中国残病之躯不能负重，巨大的债务是套住中国的枷锁和铁链，将压迫我们喘不过气来，重负之下中国不可能快速发展。而当年决策"一边倒"是为了保全国土，是我们无力抗争苏联的不得已。真实的历史是，在弱势状态下，新中国能在美苏两霸之间坚持相对独立的立场，上演一出"三国演义"，这是勇气、胆识和顶级智慧。这种勇敢和智慧甚至让后人难以企及。

我们知道，是新中国成立最初三十年的努力和奋斗为我们后来的进步打下了坚实的基础。我们的先人们不但无可指责，而且是站在了我们后辈很难企及的高地。事实是老一辈人给我们留下了丰富的遗产，我们至今和今后依然享受着。

当我们有资格与世界平等交往的时候，中国逐渐向西方世界打开国门。这是一种完全主动的和自主的行为，这才是起死回生般的正确节奏。因为我们通过全民的节衣缩食已经初步打下了工业化的基础。我们普及了科技教育，有了大量的工业化人口储备，有了世界上最大的统一的市场。我们几乎具备了一切条件，有了和西方做买卖的资格，我们才开始实施对外开放的政策。于是有了三十年发展的巨变。

改革开放之后的这三十年里，中国对外的指导思想是"韬光养晦"。这是因为我们最需要的是创造和抓住战略机遇期，我们需要的是时间。这就是我们为什么要低下头颅和身段的原因。

"韬光养晦"，为我们的发展争取到了时间。为此我们引进西方资本，于是在 20 世纪整个 80 年代中国和美国在政治、经济等领域展开前所未有的合作，出现了一段后来人们称之为"中美蜜月期"的时光。只是没有过多久，苏联不再对抗美国，前苏共领导人放弃对抗，在内外力量的共同作用下苏联轰然倒塌。西方忙着肢解苏联，忙活着吞食前苏联的遗产，没有顾上中国。于是我们获得了又一个十年。之后"9·11"事件发生了，美国把战略目标转向阿拉伯世界。林林总总、忍辱负重，中国终于获得了保持持续发展的三十年的时间。

六十年在中国的历史上并不长，但是最近的这六十年，我们中国人却是真正熬过来的。六十年彻底的艰苦奋斗，全民族各个阶层付出无数的甚至是后人不可想象的牺牲，十多亿人辛劳的汗水，这些努力终于凝结成一个完成工业化的蜕变。这蜕变彻底逆转了中国社会的行进轨迹，中国终于获得了与世界其他力量抗衡的资本。中国人走通了一条世界上其他落后国家和民族都没有走通的道路。为了这个目标中国大多数人都是一代人付出两代人辛苦的奉献者。

六十年如一日的不懈努力，我们走完了英美几百年积累的行程，终于挤上世界工业化的末班车。中国工业化的规模之大和艰苦卓绝，都是人类历史上没有过的奇迹。这将是最值得我们中国人世世代代自豪的空前绝后的奇迹。

六十年来，我们与美国人先大打出手后握手言和；我们与苏联先拥抱后翻脸；我们先是学习计划经济后来又引进市场经济；我们先是强化和纯洁意识形态后又全面释放大众对财富的追求。这天翻地覆的激变令人眼花缭乱，这反反复复的变革使人眩晕，但是主线却是从来没有变过的，那就是"复兴"。这一点不仅是这六十年一脉相承，甚至可以说自中国共产党成立伊始，其民族复兴的主旨就没有变过。

"复兴"才是我们中国人共同的信念，这信念甚至构建了我们民族的信仰，其最无私的信徒就是中国共产党人。

今天我们可以坦诚相告于世界，是的，我们的目标是"复兴"。我们追求的是中国的复兴，是中华民族的复兴。为了实现民族复兴，我们中国人付出了无数生命、鲜血、汗水和眼泪。代价之大不可思议，从某种角度上看，这世界没有任何事物能与之相提并论。

今天，中国越来越多的单项指标已经或是正在成为世界第一，人们开始热衷以"崛起"这个词来表述中国的未来。然而，由于我们过去一段时间强调韬光养晦，造成了一些误会。长期的落后也造成我们的自信尚未恢复。这些误会和自卑会给我们今后的进步带来迟滞。现在指出我们光明的前景不是为了沉溺和享受，而是为了鼓足我们的勇气，来克服我们今后依然会面临的巨大的困难和挑战。

中国的全面复兴，意味着世界更加和平，我们的国家更加安全，我们的人民更加安居乐业，我们的人口优势更能展开，我们的政治更加清明，我们的思想环境更加宽容、更为自由，我们的文化更加灿烂辉煌，我们的向心力、凝聚力更加强大，我们的经济红利更显著；最终表现为全体中国民众都能够享受到实实在在的福利。

在复兴的道路上，我们需要继续改革。我们需要厘清自己的文化与思想的根本。

当前中国理论界，很多人热衷于谈论政治改革，但是同一个词汇却表述着截然不同的内容。有人说的"政改"是要加强中共的领导，而另一些人推崇的却是西方政治体制，要搞多党制。那么中西方政治体制和社会制度究竟谁更先进？这么重要的问题是不是值得优先明确呢？

在经济上，既然我们在社会主义公有制的基础上引进市场经济，那么社会主义的公有制以及计划经济如何确定比例和范畴，市场经济与国家干预之间如何平衡？中国是注重产业立国还是注重金钱利益？未来是继续追求发展速度还是转向追求生活质量？这些问题的最终答案，仍然有待于我们在前进道路上不断摸索。

在军事上，我们是继续韬光养晦还是积极发展？未来是强调和平相处还是强力捍卫核心利益？

在文化领域，到底是我们中国文化先进还是欧美文化先进？如何看待中国传统文化和新文化的关系？这些问题也多是模模糊糊。目前有声音说我们的传统文化还是不错的，而有人主张西方文化才是最美妙的。而我们就没有人大声地说我们的新文化是世界最优秀的文化，她是基于传统文化经历了一百多年来血与火的考验之后凝聚而成的崭新文化。

我们需要理论的指引，我们也需要理性的宣示，我们需要让更多的人知道：为什么我们中国一定能够全面复兴，为什么我们中华民族的复兴大业一定能够实现，为什么人类的理想在中国，为什么中国的复兴会大大促进世界的和平与发展。这些声音能够转化为超大正能量，从而鼓足我们的干劲，激发我们的勇气，能让更多的热爱中国的人们更加自觉地奉献自己的力量，一起为我们中华民族的复兴添砖加瓦。这就是我们中国学人应该承担的历史责任，让我们一起来做好这个工作吧。

目　录

第一章　世界的真相

古希腊文明

毋庸讳言，我们的观点是基于我们是中国人这一立场的。我们也愿意接受基于逻辑的推断，遵循历史的逻辑是我们立论的基础。

我们把眼光放在人类历史的长河之中，去看一看对我们影响最大的事件及其位置和意义，这样才不至于"一叶障目，不见泰山"。

目前，科学家推算的地球年龄大约是 50 亿年，考古学表明人类发明文字大约只有 7 千年，而近代科学的诞生距今仅有 500 年，这就是我们已知的世界。今天人类已经能够上天入地，但对过去所知甚少。我们今天所描述的历史只是根据有限的资料拼接而成的不完整的图案，中间有很多断裂带是由后人的解释连接的。这种解释是必要的，有胜于无，因为即使解释错误也能为后人发现真相打下基础。

然而，我们现在看到的世界史其中的一些章节是存在疑问的。这不是我们故作惊人之语，也不是无聊之谈，而是为了厘清我们思想领域的混乱。因为史观是我们世界观的重要组成，而了解历史主要是为了预测未来。

目前的世界通史中存疑的，主要是古希腊、中世纪以及近代史中的一些重要节点。

最大的疑问是被称为古希腊的文明史。说的是两千多年前，在古代希腊，就有欧洲先民们，穿着优雅的长袍，时不时裸露出健美的身躯，创造出美妙的艺术，有远远领先于其他民族的知识体系，什么哲学、数学、科学都不在话下。相形之下，我们中国人却在三千年里进步甚小，只不过是在无休无止的恶性循环中原地踏步，这种比较的结果让我们很自卑。这种自卑可不是什么好事情，因为自卑会大大影响我们未来的工作，所以需要较较真。

我们用理性思维去判断一下，理性思维要比眼睛直接看到的现象更接近真相。我们中国人常说，"耳听为虚、眼见为实"。但是我们看到的也依然有可能是假象。最著名的例子就是我们眼中的"日月经天、江河行地"，这千百年来多数人认定的和接受的事实却有部分是假象。真相是哥白尼和牛顿这样的天才，用理性思维告诉我们，地球是绕着太阳转的。这个理性判断发生在五百年前，它给人类带来思想的革命。所以理性思维的重要性是不言而喻的。

当我们用理性思维去审视当下流行的世界史书籍资料，就会发现很多关于古希腊文明的说法的章节既缺乏考古实证，也缺乏可资考证的信史资料支撑。

我们认可历史的记载，必须以文字和载体为存在前提。考古证明，中国的甲骨文出现于公元前 1500 年左右，到了秦朝和汉初时代，文字已经完全规范化了。记载载体也是竹木简还有帛书等，这都有出土文物支撑着。公元 105 年蔡伦制造出了纸张，这是人类进步的台阶式的标志物，因为只有纸张才可以大量记载文字，所以，详细的历史书应该是在使用纸张以后产生的。

而纸张传播到欧洲是成吉思汗子孙横扫欧亚大陆之后的事情。西方的科学家都承认纸张的获得也是引发西方近代巨大进步的重要因素之一。

纸张传播到欧洲之前，西方使用的载体是羊皮、纸草。纸草的问题是保存时间不会长久易粉碎，羊皮的问题是记载的内容不可能多，是因为成本太高的缘故。所以西方根本就不具备产生长篇巨著的基本条件。

西方不光是没有载体，也没有统一的文字。中国有一句古话叫做"十里不同音"，如果没有统一的文字，仅仅靠着语言是很难交流的。欧洲从来没有过统一的文字，谈论欧洲文字的历史会让西方人不好意思，因为拉丁文字（即系统的罗马文字）是在中世纪里才由天主教会逐渐完善的。上面这些因素加在一起，是不是可以质疑那些传说中的罗马时代和古希腊时代的历史及思想文化"巨著"呢？今日西方世界所谓的古希腊文化大厦其材料却没有一个源自古代，不是太奇特了么？这和我们用现代钢筋水泥材料再建一座阿房宫是不是很接近呢？世界会承认这新建的城池是文物古迹么？

在人类的历史上，文字和书写在很长时间里是少数人统治多数人的专利。所以，现代人将文字、纸张、印刷术、互联网视作人类进步的台阶。在中世纪的欧洲，一部用羊皮书书写的《圣经》的价值超过一座城堡。

今日我们看到的古希腊时代的历史学巨著和哲学思想巨著，都是厚厚的几十万言，托名亚里士多德的著作甚至超百万言之多。就没有人问上一句，他们是用什么载体传承下来的呢？它们是怎样躲过西方上千年排斥异端思想文化的传统和无数次战乱而没有被毁灭的呢？要知道在现代技术发明之前，历史的记载是一件难事。例如我们中国人的唐诗宋词本来是传唱的歌咏，因为没有记载曲调的方法而失传了，留下的只是可以用纸张记录的歌词文字。

考古学不支撑古希腊文明

从世界地图上看，欧洲整体处于寒带，这就是为什么他们的皮肤是白色的缘故，白人肤色浅就是因为缺少阳光。目前人类学上常见的说法是，人类起源于非洲热带，逐渐向北半球迁移。到达温带的成为黄种人，到达寒带的成为白种人，可以想象到达寒带的人们是很晚才过去的。欧洲不光是寒冷，地质结构也是以石质为主，所以过去几千年里一直以畜牧业为主体。畜牧业的居无定所和气候过于寒冷导致欧洲的文明水平较为低下。而且寒带需要更多的肉食品，身上也要有脂肪，也导致他们的卫生水平和生育能力低下。

对比中国就能知道。地理上，欧洲的绝大部分土地都处于北京以北的纬度，相当于中国的东北和内蒙古草原。而中华文明的主体是处于温带区域的中原和江南，而不是东北和内蒙古，也能证明寒带产生先进文化之艰难。由此可以推断，苦寒的地理环境导致白人的文明发育最晚。在美洲开发之前，欧洲人主要是游牧渔猎民族，艰苦的生存环境导致欧洲生活水平低下是能成立的。

辉煌的古代文明无一例外产生于较好的自然环境里，这是生命层面的规则；古代四大文明都发源于自然条件较好的大河流域，这也从一个侧面说明了人类古文明对自然环境的依赖。而今天人类超越自然环境而存活是基于科技和工业的进步所致，不能倒过来推论。

中国的历史有着相当的可信度，这与中国历史上早就存在专职的史官制度有直接关系，更与中国的历法相关。相比之下，西方历史在 17 世纪之前犹如一团乱麻，别说中国人难以了解，就是西方人自己也说不清楚。连最著名的法国历史学家和思想家伏尔泰（1694—1776 年），在自己的论著中谈到欧洲中世纪以前的历史，也仅仅是做一种很模糊的简单的介绍。而且在西方的图书馆中，谈到那段历史的只有阿拉伯文和罗马文的历史残本，再有就是《圣经》和《荷马史诗》这样的"神说"，其他就是后人杜撰的各种历史文献了，所以，西方早期的历史基本局限在天主教的说教中和民间的传说中。

12 世纪以后，天主教教会在吸取了阿拉伯文化成果以后，才意识到统一的历法的作用，1582 年才第一次正式规定了天主教区统一的历法时间。没有统一的历法，发生在古代的大事件就没有顺序，没有顺序又何谈有可信度的历史？

16 世纪之前，西方的历史是一个被称作黑暗的时代。表现为一方面是王朝更迭速度极快，另一方面是诸侯林立，语言风俗各异。毁灭前朝或是异族的文化，烧毁前朝的图书馆和杀戮异端是家常便饭。像中国自秦代就建立的"书同文，行同伦"的文化制度对西方人而言无异于天方夜谭。

跟随拿破仑到埃及去的法国学者于 1799 年发现了著名的罗

塞塔石刻，这个石刻之所以著名，是因为它提供了一把辨认古代埃及象形文字的钥匙。欧洲中世纪以前的真正的"信史"研究是从这里开始的，这和印度人通过中国的佛经来推理印度的古代历史是类似的。所以我们质疑西方历史是非常有底气的。

关于"文艺复兴"

如果古希腊文明有置疑，那就意味着我们所学的世界史知识中一部分是有疑问的，这应该是颠覆式的震撼。震惊之余很多人不由得产生疑问，难道欧洲的学人们没有人站出来捍卫他们的历史么？问题恰恰在此。在中世纪长达一千年的时间里，也就是"文艺复兴"（15世纪）前的所谓"黑暗世纪"里，没有一个欧洲人谈论过古希腊文明，也没有人懂古希腊文。

被誉为科学新时代的先驱者培根说过："智慧与学术给人类社会所造成的影响远比权力与统治者更持久。在《荷马史诗》问世以来的2500年或者更长的时间里，不曾有诗篇遗失，但却有多少宫殿、庙宇、城堡以及城市荒芜或是被焚毁？"这段名言本来是试图表明欧洲人是非常注重文字记录的。然而，关于古希腊史的事实是，所有描述古希腊历史的西方史料，既不是来自古希腊，也不是第一手的直接史料，甚至多数不是用古希腊文写成的。

这就出现了矛盾。一种可能是古希腊历史是真实存在的。只不过是欧洲人忙着互相砍杀顾不上讨论一番，一千年里没有只言片语涉及这个古希腊文明，所以培根先生错了，也就是说欧洲人没有记载历史这种传统习惯。还有一种可能是古希腊史只是一个传说中的神话故事，古希腊文明只是一个"幽灵"。所有的欧洲人根本就不知道还有这么个东西存在，所以无从谈起。这表明培根先生没有错，一千年里欧洲人之所以不谈古希腊是因为没有这个东西，古希腊文明是"文艺复兴"之后的人们编造出来的。

这样的表述惊世骇俗，然而却最接近真相。西方所谓的古希腊名著包括荷马、亚里士多德等人的著作没有一个古希腊文的原件。就连古希腊文都已经灭亡了，和现在的希腊文更是没有任何关系，所有的所谓的"古希腊名著和历史"都不是用古希腊文写的。

我们今天知道的西方历史都是经过修饰之后展现的。中国现今流行的教科书上写着在地球的另外一侧，两千多年来一直生活着一群有着更高的哲学、数学、建筑、艺术、政治水准的人们，和古代埃及、古代中东、古代中国一样，欧洲人也创造出璀璨的古代文明，只不过是在随后的一千年中落后了。但是，由于拥有自由精神、冒险精神并尊重法治的基因，还有良好的商业意识并尊重科学技术，经历了"文艺复兴"之后一飞冲天。这就是我们熟悉的西方历史，这样的辉煌历史曾令很多人羡慕赞叹不已，可是这些都令人质疑其真假。

比如有人会问为什么长期以来西方人不去质疑呢？其实像

汤因比和罗素这样的西方智者是承认西方文明的根是源自欧洲蛮族的，这已经是实属不易的了。

严谨一些的西方现代历史学家和他们的著作，在描述欧洲17世纪之前的历史和思想史的时候，也很少去引证那些西方古代的"历史巨著"，罗素则在自己的《西方哲学史》中多次提到过古希腊、古罗马的哲学著作的不可靠性。

古埃及等古老文明是由金字塔、法老墓葬、金铜器以及石刻图案和文字支撑；中华古文明由青铜器、甲骨文、竹简支撑；天主教教会可以用羊皮书证明自己两千多年的传承；而所谓的古希腊文明没有任何这类考古学上的支撑，现在我们是不是可以质疑一下古希腊文明是否存在了呢？要知道，想证明古希腊文明存在比证明它不存在要困难得多。

今日所谓的古希腊文明以及著作都是在欧洲"文艺复兴"之后开始出现的。"文艺复兴"是欧洲人思想领域中的革命，当然他们说自己是复兴，用"复兴"一词就是表明自己祖上曾经是很牛的。只是在后来天主教占统治地位的千年里落后了，所以才有复兴之说。为了证明天主教的反动和腐朽落后，需要一个曾经辉煌的历史，当时的形势和趋势是呼唤和支持这一做法的。因为统治欧洲长达一千多年的天主教势力被黑死病动摇了根基，来自东方的科技产品使得欧洲人眼界大开：火药和纸张让欧洲人提升了文明水平，茶叶和调料让欧洲人享受到美食，丝绸和瓷器成为上层社会的象征，东方的生活方式逐渐成为欧洲人追求理想的指针。欧洲人通过十字军东征获得阿拉伯世界的大量藏书和经典，从中发现了远古的文明成果，在此基础上，欧洲的有钱人、有权人、有才华的人们都贡献了力量，都成为作伪的动力和助力，于是一个古希腊文明就这样被制造出来，诸多的努力逐渐拼凑出一个古希腊文明。

古中东的游吟诗人、古波斯人的历史著作、古亚洲人的哲学和古埃及人的几何学这些所有的通过十字军东征掠夺阿拉伯人图书馆获得的知识和著作，被糅合成一个古希腊文明。一个虚构出来的盲诗人荷马和来源至今不明的两部"史诗"（奥德赛、伊利亚特）成为古希腊文明的起点。远在希腊千里之外的土耳其城堡特洛伊以及所谓的特洛伊战争，被视作古希腊历史的起点。

托名古希腊文明的文化其先进性自不待言，整合了世界所有文化成果的新产品自然是很优秀的。但是把时间点安排在两千多年前就是问题了。这和一个成年人写一首打油诗不稀奇，但是托言三岁孩童所写就会产生轰动效应是一样的。

中世纪

这个世界上多数人是信教者，每个人的信仰是外人不可涉足的雷区。我们应该尊重世界各民族的传统。但是切莫因此认为我们中国人是落后的，全世界真正不受宗教统治的只有中国人，几千年来中国人很自由地选择自己的信仰，今后会更自由，所以对宗教力量感触不深。

其实老一点的中国人还是知道这种感觉的，因为我们有一个时期也曾经尝到过思想统一的滋味，这个滋味的酸甜苦辣咸至今依然在评判之中，不过有一点可以肯定，就是多数中国人不愿意再品尝这种滋味了。

令人惊讶的是中国人在挣脱思想约束的同时，也扔掉了自家用鲜血和生命凝结而成的新文化。中国传统文化由于没有抵抗工业文明的力量早已被抛弃了，这样一来全盘西化就成了最正常的了。在某些人眼中西方文化代表先进和进步！这和白人们推广的欧洲中心论不谋而合，难道不是太诡异了？这般作为其后果令人忧心。

欧洲中心论的主要观点说到底就是欧洲白人自认为优秀，而把有色人种视为天生的劣等。这种东西不光是在欧美有市场，今天还广为流传于世界，成为世界的主流观点。当今世界没有人能否认欧美的富有。由于掠夺，由于资本主义的暴发，由于科学技术的进步，由于工业革命硕果累累，西方世界占有了巨量的财富。这财富有着巨大的吸引力和压力，多数人已经臣服于这种力量。更为高明的是西方金融财团不光集聚了大量财富，同时也早早占据了世界舆论阵地，这两种合力使得这些年全球西化之风强盛。最简单的证明是，当下我们中国人知道的世界名人主要是欧美白人，无论是科学家、文学家还是艺术家，都是白人占据绝大多数。更别说西方还高举着"民主、自由、平等、人权"等号称是具有普世价值的大旗满世界飞舞,文攻武卫,武攻文卫,双管齐下,攻城掠寨,所向披靡。

在这种风潮中,中国的一切都被质疑和否定,中国五千年的文明是自己在骗自己,地大物博是自我陶醉,万里长城是锁闭国门的象征。而诸侯林立、彼此打得昏天黑地的欧洲却成了某些人心中代表光明和先进的理想国。

西方描述的古希腊文明像维纳斯般美丽,中国漫长的文明却是酱缸般的丑陋,这就是我们的主流意识形态领域中的畅销货。谁能否认这几十年来中国人真的是昏了头了,丢了魂了呢。如果说当年鲁迅先生批判中国的传统文化是绝望中的呐喊,是为了让中国人涅槃重生,是为了让青年人丢掉幻想彻底革命,我们还是能够理解和赞赏的。那么这些年我们在复兴的奋斗途中遇到的大量的全面否定中国的言论,其目的和作用又是什么呢?

既然有人热衷于歌颂西方,把西方世界视作花一般的美妙,那我们就得认真看一看剥掉古希腊文明外衣后西方真正的历史是个什么样子了。

欧洲,在工业革命之前的漫长岁月中,其人民主要从事渔猎游牧等粗放式营生,生存殊为不易,所以有好武的传统。著名的古罗马文明就是武士构建的社会,也就是今日所说的标准的奴隶社会。

我们在前面说了，古希腊文明疑云重重，欧洲人的真正的远古文明是古罗马文明。那么古罗马文明和现在的欧洲人是个什么关系呢？他们是一体的吗？也不是。有人形象地比喻说古罗马帝国是"虫子"，欧洲诸族是"草"，现代欧洲诸民族国家是"虫草"。也就是说虫子死了，草菌占据了虫子肢体，虫子为菌类提供养分成为虫草。在古罗马为更为野蛮的蛮族所灭之后，欧洲就成了四分五裂的诸侯小国。

在极度艰苦的生存环境和非常落后的政治体制双重压迫之下，在公元元年之后，欧洲很多人接受了犹太人耶稣，特别是圣·保罗的传教，逐渐团结在教会的周围，形成了可以抗衡王权和贵族的力量。不过日益扩大的神权并没有给欧洲带来革命，而是很快和世俗权力同流合污了。这样欧洲进入长达一千多年的中世纪，欧洲人自己把这个时期称作黑暗的中世纪。

我们中国人常常反省历史中文化遭受到的破坏，例如项羽一把火焚毁了阿房宫就让中国人羞愧不已，其实历史就是这样残酷，孰不知欧洲人却是有屠城的记录的。在欧洲，毁坏文化，小规模的一般是彻底破坏一座城市，大规模的则是消灭一个民族的文明！

欧洲不同的文字、不同的传统、不同的民族、不同的国家，战争不断。他们虽然号称是同一个宗教，但是教派之间的差异和分歧极大，而且往往把对手的教堂作为摧毁的主要目标。

中华悠久的历史中最令中国人痛恨的是汉奸，汉奸令很多中国人感到汗颜。然而欧洲人根本不存在这个层次的问题。在漫长的历史中，欧洲人根本没有国家和民族的概念。为了宗教纠纷，德国人打开国门，让外国人入侵自己。英国国王为了镇压农民起义请来意大利和德国的雇佣兵。民族英雄被自己的君主杀害一点都不稀奇，著名的圣女贞德就是被自己所保卫的法国国王和贵族们出卖给了英国人。

有人说中国人禁锢思想，摧残文化，其实在欧洲表现的却是另一种文化浩劫。宗教是干什么的？中国人多数没有深切体会。而欧洲的宗教极端统治长达 1200 年，教会禁锢思想的程度绝不是我们中国人能够想象的。

我们常常痛斥焚书坑儒，却不知中世纪的欧洲近乎荒蛮，只有僧侣识字，甚至相当多的贵族也是不识字的。原因很简单，就是欧洲大陆没有纸。欧洲人没有纸张，只有寥寥可数的几本羊皮书，还把握在教会手里。从罗马后期贯穿整个中世纪，欧洲人没有任何能够影响世界的科技发明。实际上，500 年前的欧洲只是农奴制社会。

那时，占欧洲人口绝大多数的农奴是在贵族领主的"家法"里生活的。这与中国自皇帝以下均为"编户齐民"和所有穆斯林都按伊斯兰法生活形成鲜明的对比。

　　在中世纪，整个欧洲基本是处于自给自足的庄园经济中，几乎不用货币，没有统一的度量衡，土地不能自由买卖，不是市场经济，也没有太多的商业活动，所以市场经济对当时的欧洲人而言是新生事物，这就是为什么欧洲人对市场经济很兴奋着迷的缘故，直到今日欧美学者依然将市场经济视作万能的宝贝，是因为历史上他们没有享受过这般美妙的事物。而同一时期，在中国和中东阿拉伯区域，商人和市场一直都很活跃，市场经济是古已有之，所以对中国人而言市场经济一点都不神奇。

　　在欧洲无论是君主还是教廷，权力、利益的争夺也是残酷不变的事实。哈姆雷特和狮子王为什么能吸引那么多欧美人的关注，是因为在欧洲争权夺利是层出不穷的。

　　我们得承认欧洲人在建筑上还是很有天赋的，这个能力应该和他们最早接触火山灰有关，也和他们需要抵御严寒的需求有关。但是欧洲却极少有保留数千年的文化古迹。传说中的奇迹建筑最终都消失了。相比较之下非洲的金字塔、亚洲居鲁士陵墓、秦始皇陵、万里长城、空中花园、吴哥窟、泰姬陵、故宫、孔林，甚至已经消失的美洲玛雅人的金字塔都保存了下来。欧洲人却罕有这类古迹，这也反映出了其在欧洲历史上各族群间的残酷纷争中被毁灭的可能性。

　　大约在七百年前，一个叫马可·波罗的意大利人，写了一本书《马可·波罗东游记》，引发了到东方淘金的热潮。虽然不断有人质疑马可·波罗本人是否真的到达过东方，但是他的书无疑成为西方冒险家的行动指南。在当时还披着毡子整天和牛羊打交道的西方人眼中，马可·波罗笔下的东方如天堂般不可思议的富有和先进。

五百年前，不用说中国远比欧洲富有，就是中东、北非的穆斯林也比欧洲人日子好过得多。然而五百年后，世界发生了颠覆，西方胜出，东方落后了。什么因素导致的这种巨变呢？这或许应是我们国人深思的一个大课题。

黑死病

公元 14 世纪中叶，欧洲爆发了一场骇人听闻的有可能是鼠疫的黑死病，这瘟疫肆虐长达一个世纪，大约有三分之一的欧洲人死于这场灾难。有人说黑死病是中世纪与现代文明的分界线，这一评论显然是准确的。黑死病使得所有的欧洲人直面死亡，信徒们视作神圣的无所不能的教会面对这巨大的灾难束手无策。当时西医治病的方法就是简单地放血，然后祈祷。无数人眼看着自己的亲人慢慢死去，而且不知道自己是不是明天也要死去，朝不保夕所产生的震撼是没有经历过这种悲惨的人难以想象的，这场瘟疫极大动摇了天主教统治的基础。

大量的人口死亡也导致整个欧洲农牧产业崩溃，因为无人从事生产，所以随之发生巨大粮荒，饥饿又使得人口进一步锐减，这一系列连锁反应导致欧洲农奴制的瓦解。传统的欧洲社会出现巨大的裂缝，开始被一种特殊的金融资本势力渗透，经历过黑死病的欧洲已经不再是原来的那个欧洲了。后人常说的资本主义的壮大、市民阶层的兴起、新兴工业开始发展和壮大其实都和这场瘟疫有关。在席卷全欧的大瘟疫中，欧洲传统的等级社会制度崩溃了，神权遭到极大地动摇。金融资本和城市贵族结成了同盟，工商业阶层经济实力大增，封建王权也开始了集权的进程，欧洲近代民族国家开始形成。更为关键的是，每个人直面亲人的死亡和对自己死亡的恐惧带来欧洲人思想上的大革命。

现在我们知道了，因为黑死病的爆发导致背在欧洲人身上的天主教宗教的桎梏被打碎；而劳动力的短缺，直接引发工业技术的进步；对生命的渴望导致欧洲富有者愿意将金钱投向医学领域，西医也因此出现革命性进步，哈维的血液循环理论构建了西医成为科学的基础。

可以说黑死病就是引发欧洲基因突变的那道闪电，当欧洲人集体面对死亡威胁的时候，爆发出强烈的反作用力，激发出巨大的潜能，甚至有可能改变了欧洲人的基因。

有人说随后的欧洲宗教改革、文艺复兴、航海地理大发现、科技创新、工业革命等一系列事件都和黑死病引发的欧洲变化有关。

还有人以生物学的理论推测，黑死病的肆虐导致优胜劣汰，瘟疫中死亡的多数是体质弱的人，能剩下的都是体质强壮的人，这一说法也不是完全没有道理。美国的黑人多数比非洲的黑人体质要好，原因也是经历了最残酷的奴役和人为淘汰。黑死病的肆虐也极大影响了欧洲人的审美观，鼠疫引发的肝坏死使得病人们普遍出现黄疸病症，欧洲白人把黄色皮肤视为病态，把黄种人视作灾星可能也来自这里。欧洲的胜出是青出于蓝而胜于蓝，后来者居上，才有了如今欧洲领先于世界的局面。这些表述都是有道理的，可能更接近历史的真相。

"生于忧患，死于安乐"，这可能是人类文明永恒的法则。欧洲人在承受了漫长的黑暗的中世纪的宗教压迫之后，经历了剧烈的悲惨的黑死病的肆虐之后，产生了强力反弹，使得欧洲人普遍拥有不惧死亡向外扩展的张力和欲望。相形之下，我们中国人活得太舒服了。中国人由于早早地解除了瘟疫的威胁，清朝入主中原又解决了北方游牧区域和中南农耕区域的矛盾，长期和平使得人口暴增。当时的中国，汉族在热衷于小脚女人和八股文章，清朝贵族也从骑士变成了提笼架鸟的顽主，这时候的中国人和浴火重生的欧洲人发生碰撞与战争谁赢谁输不就是一目了然了么？

我们必须明白欧洲真正的历史才能知道欧洲人为什么充满扩张力。好武和蛮横并不一定就是缺点，温文尔雅与平和也不一定就是优点，无数优雅的文明被野蛮人灭掉了。这个领域不能用善恶好坏等道德因素来简单化评判。

我们讨论这些问题的目的是为了修正当下盛行的一种不良

倾向，那就是总是认为西方的一切都是好的，中国的一切都是落后愚昧的。这种决绝在革命之前有着进步的作用，但是在今后复兴的努力之中则会变成阻碍，会妨碍我们自信的重建。

世界的真相是，在人类历史上我们中国人创造出最悠久和最温和的文明。欧洲人是在工业革命的突变性进步中领先了我们，而不是拥有比我们更优秀的文化和制度，更不是比我们人种优秀。

在工业革命之前，先进的农耕文明总是受到野蛮的游牧民族的觊觎。这个方向的掠夺和战争动因十足，反之则不成立。所以在工业文明之前的历史上，挨打的并不一定是落后的，这是我们需要强力修正的一个概念。

法国启蒙思想家伏尔泰为了树立法国人的自信曾经说过：我们不必为中国取得的成就而感到吃惊，以至于认为其体制是人类有史以来最完善的。这就是欧洲人在明确知道自己落后于中国时的态度。我们不能仅仅因为我们暂时的一个阶段落后于西方，就苦苦自辱，煞费苦心地证实自己是劣等民族。

明确欧洲的真实历史，就可以让我们端正态度，真正搞明白西方的文化哪些是要学习的，哪些是不能效仿的。真正的世界史，就是欧洲人从世界各地学习了先进的文化、知识和产品，自我加工和消化之后创造出了科学和工业革命，掌握了改造世界的锐利武器，从而掠夺了财富，这是他们先进的和优势的部分。但是领先之后的欧洲却视其他民族为劣等民族，这就是为什么我们不能接受欧洲中心论的原因。

那只看不见的手

科学家们曾经设想过在生命演变的过程中，尤其是无机到有机、有机物到生命这个过程中，是不是闪电起到了特殊的激发和突变作用。这说明生命进化过程是存在突变的。西方这几百年来发生的科学与工业革命进步也是人类发展的突变。如果这个结论成立，那么我们就要问一句，这种变异和革命是不是其他民族也能复制呢？

今天我们熟知的文艺复兴、英国光荣革命、美国独立、法国大革命、两次世界大战，以及当下的全球金融以及政治一体化进程和所谓的"世界新秩序"的背后都有国际金融资本的影子。金融资本编造出市场有什么看不见的手在引导经济。但是真相却是国际金融资本才是那只看不见的手。

人有动物性和社会性两种属性，动物性表明人有自私趋利的倾向和本能，社会性表明人有利他合作的倾向和智慧。多数人的理想是追求平等，倾向于接纳人的社会性属性。但是善良的人们多数没有意识到，有少数人，甚至是富有才华的人在追求自由主义。他们占据了人类社会的优势资源之后，反而倾向于接纳人的动物性本能，也就是说他们认为人性是恶的。他们人数虽少，但是力量和影响力极大，而且很难消失，因为它们根植于人的自私本性。

金融财团发起于金钱，最初只是用钱生钱。不过获得经济利益之后导致政治诉求，最终在某些国家和地区获得权力。金钱与政权的结盟又使得金融财团的利益进一步扩大，巨大的利益使得整合更大的资源成为可能，这个过程的世界级别的循环导致了金融财团膨胀出不可思议的雄心或是野心。几百年之后的今天，他们的愿望已经是实现全球金融以及政治一体化进程，换句话说是统治全球。如果中国没有完成近代史上的彻底革命，那么西方金融集团还是有可能完成一统江湖的宏愿的。因为到目前为止，各个独立的民族国家在经济上和金融上并没有力量与金融财团抗争。然而中国经历了特殊的逆转，将逐渐实现复兴，这天地翻覆式的变革与进步导致金融财团控制世界的美梦破灭了。

世界总是在互动中

真实的世界一直是处于相互交流之中的，远不是我们概念中的互为封闭的几块，只有美洲由于两个大洋的阻隔，是很晚才加入这个交流的。

实际上，几千年来欧亚大陆和非洲一直是处于商品流通和文化交流之中，欧洲人一直在接受着东方的产品和科技，只不过很长时期是经过阿拉伯人的中转，是一种极端的奢侈品而已。中国在清朝中期以前一直是世界商品流通领域最大的集散地，而不是我们理解的闭关锁国，这是我们要特别强调的一点。即使是在冷战时期，那个被丘吉尔称作"铁幕"的时期，苏联也一直在向世界出口原油。中国在改革开放之前，也不是人们理解的封闭，一直在通过香港等地和外部世界发生着联系，曾被西方人形象地称作"竹幕"。这才是真实的世界和历史。这是因为人类没有哪个统治者能真正阻挡利益的流动，而且多数统治者本身就是最强烈的利益追求者。所以世界一直是流通着的，其规模和力度都超过我们的理解和想象，这才是几千年人类历史的真相。

商品的流通是无可阻挡的，与此同时也会带来思想和文化的交流，伏尔泰认为："东方是所有艺术的发源地，西方从那里获得了一切。"这种表述依然不够，东方不光是为西方提供了艺术，实际上西方的进步就是基于东方哲学思想、管理架构与制度以及科技产品等基础上的再次整合的结果。

欧洲人编写的教科书上写着只是到了哥伦布发现美洲大陆之后，才打破各主要文明之间隔离的障碍，才有了全球化时代。仔细推敲，这种结论是有疑问的，一个显著的例子就是在西方人书写的世界史中，葡萄牙探险家达·伽马是第一个绕过了好望角，并且远航到达了东印度的航海家。这其实和尼泊尔向导带着欧洲冒险者攀登珠峰是类似的，当欧洲人写下某位白人是世界上第一个登上珠峰的时候，并没有注明他们是被当地的向导拽上顶峰的。真实的历史是穆斯林、波斯人、爪哇人、印度人和中国人都早就远航到了好望角。事实上欧洲人的航船以及航海技术和技巧，都是从中国或是中东国家学习的，火药及纸张更是由中国发明并传播到欧洲的。

这一千年来，推动西方商业、生产、金融、军事和航海革命以及所谓的"文艺复兴"和科技革命的主要技术、思想和制度，都是首先在东方形成和发展，然后才被欧洲引进和吸收的。1700 年后，刺激英国工业革命的主要技术和科技思想很多都是从中国传播过去的。此外，中国的哲学思想还帮助推动了欧洲的启蒙运动。

考古证明，全球贸易早在 1500 年前的 6 世纪就开始了。只不过当时的贸易是由中东阿拉伯人、波斯人和非洲人所主导的，和近代欧洲人是不搭界的。

中东的阿拉伯人是靠着骆驼的运输穿越漫长的中亚陆地的。骆驼不需要道路，更容易组织，耐久力更大，成为比牛或马更有价值的运输工具。"沙漠之舟"的使用大大降低了商品的运输成本，使得长途贩运商品成为可能。更为重要的因素是中东伊斯兰帝国的建立，极大促进了世界商品的流通。

公元 610 年以后，伊斯兰先知穆罕默德统一了中东，伊斯兰教并不是欧洲人形容的那样，是个游牧部落游荡于荒漠的苦思冥想，而是源于一种悠久传统的城市宗教。一个统一的伊斯兰帝国搭建了世界商品流通的桥梁，从而使许多东方的特别是印度、中国的产品传播到了西方。伊斯兰世界的商业发达程度超出我们的想象，甚至形成了一个规模空前的世界市场。

商品的大规模交换使得工业和农业专业化生产成为可能。也就是说，在中国成为世界商品最大的集散地之前，伊斯兰教统治下的帝国已经通过商业把西边的欧洲和东方的印度、中国联系在一起，而且向南传到了非洲。

而意大利各商业城邦国家是在八九世纪才成为全球贸易体系的一部分的，他们是后来者。所以，真相是在一个较长的时间段里，全球商贸的主导力量是在伊斯兰教控制的中东和北非，既不是中国更不是欧洲。

伊斯兰世界一系列生产革新和技术进步大大促进了世界商贸的发展。在航海方面，斜挂大三角帆的发明及进一步的发展，使得远洋航海得以实现。阿拉伯人在天文学和数学方面也有重要突破。穆斯林在铁制品生产方面比欧洲更具优势，而在钢铁生产上他们的优势一直持续到 18 世纪。埃及的蔗糖生产则是一项全球性的重要产业。

甚至伊斯兰世界的商业思想也极为重要。人类社会的一整套商业制度（关于合伙契约、合同法、银行业、信贷及其他诸多制度）都是由穆斯林创立的，今日全球贸易其实都是建立在这些制度之上。

甚至被欧洲人称作"黄祸"的蒙古铁骑带给亚洲的多是灾难，但却偶然间成为带给欧洲人革命性进步的使者。成吉思汗的子孙曾成功地打通了欧亚大陆，由于看不上落后的欧洲，故而在占领了其东部之后（主要是基辅罗斯），就一窝蜂返回东方，把征服的力量指向富庶的中国，这才让欧洲躲过一难。

作为欧亚大陆的征服者，蒙古人非常热衷于商业，他们为所控制的巨大区域内的商品流通提供了安全保障，欧洲人因此幸运地得到了来自中国的火药、纸张以及先进的哲学思想和社会管理架构。

后来，由于蒙古帝国的崩溃而引发了欧亚大陆长期的战争，战乱导致欧亚大陆北部商路中断了，到 14 世纪中叶，世界贸易的主路再次回到中东阿拉伯世界主导的路径上来。

威尼斯人长期主导着欧洲贸易体系，但他们一直是以参与者的身份加入由中东穆斯林尤其是北非人所控制的全球贸易体系的。欧洲人在很长一个时期里不是世界贸易的主体，主因是他们过于贫困。最初的时候，欧洲主要依赖埃及来进行贸易。在公元 1000 年之后的大部分时期，中东仍然是世界商品流通的桥梁，但是全球商贸的集散地已经逐步转移到了中国，并在中国一直保持到 19 世纪。这才是世界贸易史的真相。可是欧洲人书写的历史书上，在公元 1000 年之后世界贸易中心先是意大利后是葡萄牙，伪史得以流传是因为后来者居上的缘故。

欧洲中心论

在欧洲人书写的历史书中，这个世界是以欧洲为中心的。

这从某种意义上讲也没有什么错误，就如同多数国家的地图都是以自己国家为世界中心的一样。问题是在西方人书写的世界史中，这世界只有欧洲人才是文明人，这一定是搞错了。

欧洲人书写的世界史是这样的：两千多年前，西方世界有一个古希腊文明；随后产生了古罗马帝国；古罗马帝国产生了基督教欧洲；基督教欧洲产生了文艺复兴；文艺复兴产生了启蒙运动；启蒙运动产生了民主政治和工业革命。这样的顺序推导下来，欧洲是自主产生了现代文明，这就是流行甚广的文明谱系图。工业革命连同民主政治以及后来产生的美国等一切文化，都体现了他们的对生存权、自由权和对幸福的追求……

在这种世界史的主导下，东西方被很自然地分成不相干的几个实体，似乎西方人独自缔造了近代世界的一切进步。西方人写到西方的进步是由于一贯的传统的独创的科学理性以及民主或开明的特性，逐渐演变或者进化成工业革命和资本主义社会。先进的欧洲人向外扩张征服东方和中东，同时给世界带来进步和光明。至于屠杀、掠夺、战争只是进步的代价，这就是"欧洲中心论"的精髓。

然而传说中的古希腊文明实际是吸收亚洲文化和古埃及文化后的整合文化，真相是远比西方先进的东方文明促进了近代西方文明的崛起。东方的思想、制度和技术通过商业等途径传播到西方，然后被其吸收，和其他的因素结合促发了欧洲产生特异性突变式进步。西方产生革命性突变之后，通过先进的组织结构和使用先进的武器掠夺了东方财富和资源，积累的结果导致西方的崛起。这才是世界真实的历史。

欧洲中心论的影响力远比我们意识到的要大，我们中国人熟知的各种主义多数都是它的变种。欧洲学人普遍认为，西方的进步是由于悠久的传统，是一种理性，是一种以数学为主干的思维，是哲学这样的与生俱来的优越的禀赋和特性创造了现代西方先进的文明，从原始社会到资本主义社会是一种基于刚性的具有内在逻辑的自主地发展。如果这些表述有些人不习惯，那我们换个说法大家就很熟悉了，那就是资本主义是人类社会发展的必然阶段。

欧洲中心论认为，在欧洲历史发展进程中，东方一开始只是不相关的旁观者，后来是牺牲品，或者是天然的被奴役和凌辱的对象。因此落后就要挨打，随之东方特别是中国被孤立、被边缘化，都是正常的。

欧洲中心论产生在大约 1700 年至 1850 年之间。这个时期，通过掠夺和殖民世界已经富裕起来的欧洲人开始自信心膨胀。他们把世界分裂为两个对立的阵营：即西方和东方（或是"西方世界和其他"）。西方比东方优越，西方天然的并且独一无二拥有这般的美德：理性、勤勉、高效、节俭、具有牺牲精神、自由、民主、诚实、成熟、先进、富有独创性、积极向上、独立自主、进步和充满活力。东方则是：非理性、武断、懒惰、低效、放纵、糜乱、专制、腐败、不成熟、落后、缺乏独创性、消极、具有依赖性和停滞不变。

而西方人这种优秀的美德还被表述成古已有之，是自古希腊以来西方一贯如此。也就是说从两千多年前的古希腊开始，西方就充满了发展的活力，就拥有了自由和民主的价值观以及合理的制度。这种优秀的文化基因必然也会产生理性的个体，欣欣向荣的生活促进了经济的发展，也使得充满光明和激情的资本主义能够实现必然的突破。

与此相反，东方被说成是容忍专制观念和不合理的制度、黑暗、没有理性个体，充满集体主义的残忍，经济停滞和容忍奴役等等天然缺陷。结论是东方是低等的，被称为东方专制主义。这种表述有着强烈的暗示，于是自然而然，西方帝国主义对东方的侵略和统治就有了一种内在的合理合法的逻辑。

在西方进步阶段论中，欧洲历史被写成一种发展的时间直线，而东方历史则被表述成在一种落后状态下的循环反复，谁劣谁优，一目了然。

西方中心论根本不承认，在并不遥远的刚刚过去的几个世纪里，东方的技术和产品对西方生活和观念所产生的积极影响。因为西方人认为他们是从古希腊时代开始就领先于世界的，并创造了其自身辉煌的发展，和落后的东方一点关系也没有。

西方的进步源于自身卓越的创造性、理性和社会民主特性，近代资本主义的巨大成功和重大发展是西方文明延伸的必然结果。

其实这一切都是来自 19 世纪之后的西方社会学科学者们的想象。

西方主流理论中，其实包含着西方必胜的强烈意识。也就是说西方人书写的传统的世界史是这样的，人类历史肇始于古希腊，在中世纪早期的欧洲发生农业革命，千年之交意大利主导的商业崛起，欧洲在文艺复兴中重新发现了完美的希腊思想，伴随着科学革命、启蒙运动和民主精神的兴起，从而将欧洲推向工业化和近代资本主义。这是一种人类历史发展的必然规律，人类社会也将必然走向资本主义。

欧洲学者试图寻找到社会学科的规律性的东西，所以他们不可能完全忽视诸多的社会因素，所以他们的著作都有相当的内容。比如他们都注意到西方资本主义的发展是和西方诸侯林立直接有关的，也就是说金权之所以能够占据上风，商人能引领向外扩张的方向是由于君权的相对弱化。而东方君主们的权力显然大得多，尤其是中国的集权更是绝对的力量，因此阻止了资本主义运动。这一点没有错吧，这显然是一种现实。但是真正的问题是他们无一例外地将资本主义的发展和工业革命混为一谈，这样他们就把国家政权视作落后和反动的事物，而完全没有意识到政权对经济活动的制约作用是完全能够转变成推动作用的。

欧洲由于诸侯林立，被学者们表述成"多权力主体文明"，东方世界的单一国家体系被表述成"帝国统治"；欧洲诸侯间的战乱不断被认为是极大促进了社会发展，而东方单一国家的帝国不存在太多的战争，所以变成了"东方专制主义"而不利于社会进步；西方神权、君权、金权谁也不能够占据主导地位，被称作社会力量和制度的不稳定平衡，欧洲的君主们无力实行专制，所以他们就授予资产阶级"权力和自由"；欧洲诸侯之间持续不断的战争和军事竞赛促进了资本主义发展，而东方"单一国家体系"缺乏军事竞争所以不是扶持社会发展而是变成了发展的阻力；这样，在他们的笔下，西方的封建制度比东方的中央集权体制还先进。最后，他们最愿意这样说，就是西方人具有一种"理性的冷静"和具有改造作用的"驾驭世界的准则"，这当然归结为基督教新教的作用，而东方人则在宿命论中挣扎。因此，资本主义的崛起在西方是一种必然，而在东方则是不可能的。一言以蔽之，这种所谓的研究都是从结果中倒着向上推。因为西方人进步了，所以往前找原因，最后找到的就是这些玩意。西方人把它当做宝贝，问题是我们中国人脑子里也装满这些论点，那么能得出与西方主流观点相反的东西么？

我们不知道面对蒙古铁骑横扫欧亚大陆这一事实，欧洲的学人们是怎么分析的，是不是除了军事化的组织结构以及骑兵等因素之外还有蒙古人天性中的先进性呢？胜利者是不受谴责的，胜利者就是优秀者，这种社会进步论和社会达尔文主义是一种东西了。我们该不该接受呢？

站在和欧洲中心论观点相反的立场和角度看问题，会得出相反的答案，那就是欧洲是后发者，是基于其他国家早已取得的巨大成就。而欧洲中心论则认为，近千年来，欧洲（西方）

一直是世界发展和现代化的首要推动者。

事实是 1840 年鸦片战争之后，欧洲国家才全面超过了中国。欧洲中心论者认定只有欧洲人才能独自跨越到资本主义现代化，而且现代技术和现代科学都是西方世界自己发明创造出来的。他们无视欧洲长期掠夺世界的事实，他们早就不承认十字军东征之前欧洲人两眼一抹黑的历史了。

欧洲的学者们非常有选择性地在著述中摒弃来自中国和阿拉伯世界的先进成果。即便是他们知道欧洲人是从东方得到这种成果的，但是由于中国或是阿拉伯世界没有持续进步，所以就不再算是从外部学习来的，就变成欧洲人自己独创的了。欧洲学者把通过中东向欧洲传播的东方思想启示下的西方启蒙运动，把所谓的"文艺复兴"和科学革命能够发生的事实归结为自己祖先所谓的古希腊的文明成就。他们实在没有办法否认这些东西是抢掠阿拉伯人的，物证就摆在那里无法回避，怎么办呢？后来他们想出一个好办法，就是把它表述成这些美好的东西本来就是他们祖先的，也不知道怎么会到了阿拉伯人手中，反正是他们用剑又给抢回来了。这般表述之后的结论就是他们的进步和穆斯林们没有任何关系。

欧洲人从来不认为掠夺世界是一种错误，所以强调欧洲的掠夺性不会成为一种谴责，这就如同指责食肉动物不该吃肉一样无力。欧洲处于苦寒之地，这也决定了其人民具有强烈的冒险精神，也就是说他们骨子里就有海盗的血脉，这是一种强势的内在扩张力。

距今九百年前，罗马教皇乌尔班在号召欧洲十字军东征的时候，除了宣告所有的参与者都将获得宗教赎罪之外，专门指出东方是流着牛奶和蜜的富饶之地，成功地激发了欧洲人狂热的掠夺欲望，战果丰硕。十字军东征抢到了阿拉伯人的图书让欧洲人获得了完整的知识体系。随后的达·伽马和哥伦布领导的"航海大发现"实际上就是第二波的"十字军东征"，也是以获得财富为基本导向的。欧洲人掠夺了美洲的金银，屠杀了美洲土著以获得土地，随后奴役黑人集聚了大量的财富。这财富成为促进欧洲科学与工业革命萌生的土壤。

把东方定义成落后、消极和幼稚的种群，把西方定义为先进、富有创造性和成熟的种群，这就为欧洲人对外扩张掠夺杀戮提供了坚强的信念。他们在烧杀抢掠的时候却认为自己在传播文明。当然站在欧洲人的角度看，掠夺世界确实起到了保障和促进英国工业革命的作用。问题在于换个角度看，这种所谓的进步是多少有色人种的血泪和尸骨搭建的，这种文明的进步性何在？

今天很多中国人大概已经不知道被边缘化的意义是什么了吧？我们很难受，因为这种对过去屈辱的忘却是一种背叛性质的愚蠢。我们可以找一个参照系来，那就是黑人被视作奴隶和低等人就是世界历史上忽略非洲的后果。当今世界没有人关心非洲人其实曾经领先于欧洲这一事实，因为忽略非洲的文化和传统就使得黑人被奴役合理化。

文明的冲突

翻开历史我们会发现欧洲的中世纪诸侯林立，那时候的贵族可不仅仅是个称号，而是有土地和农奴支撑的。而农奴制下的欧洲市场经济极其微弱。加上基督教是鄙视用钱生息的，所以在教会控制之下的区域里金融业几乎没有发展。欧洲落后既有地理原因也有政治原因。

但是在欧洲贵族的割据缝隙中生存和活跃着一些犹太商人，几千年来他们一直从事商业和金融业，手中有活钱。欧洲人从来是很鄙视犹太人的，规定他们不许拥有土地，只能经商。不过犹太人很精明，慢慢积攒出巨大的财富。欧洲的贵族们往往会从犹太人手里借钱，到了还不了钱的时候，只能把自己的收税权或是铸币权抵给犹太人。

财富的增长助长了犹太人对权力的追求，数千年的颠沛流离使得他们意识到金钱和政权结合的重要性，所以近几百年来他们长期而又坚定地朝着这个方向努力着。

到19世纪末20世纪初，发端于欧洲的以犹太人为主干的金融资本已经通过控制黄金和各国货币，积累起与国家相抗衡的实力。这一力量在近代世界史上发挥了重大的作用，时至今日更是膨胀到试图控制世界的程度。可以预测，这一力量在未来也会起着巨大的作用，不可轻视。

金融资本借着科学和工业革命的东风，到今天已经控制了一些国家的货币发行，进而发展成一种相对完备的政治经济制度，成为西方政治经济体系的基础模式。欧美一些政府通过向私有银行借贷以维持其财政运作，而将所收税款用来偿还贷款的利息，很多国家的货币发行权实际是由私人银行控制。这样一来，国际金融资本如同水蛭一样吸附在各国经济体上，不但掌控了各国财政大权，使政府无独立的财政能力，也合法并吞了政府税收，将税收变为私人的源源不绝的利息收入。这对于想发财的人来说是多么神奇的境界啊。

金融资本不光是发起了一场持续的席卷全球的运动，还创造出所谓的资本主义社会。资本主义社会其实就是资本说了算的社会。谁会高喊钱说了算呢，一定是钱最多的人，谁的钱最多呢，一定是金融资本家。所以很容易推断出金融资本是资本主义运动的发起人和推动者，他们也是资本主义最坚定的拥护者。所谓的资本主义是人类社会发展的必然阶段，不就是认可人类社会必然会被金钱所统治了么，这种理论也会成为必然规律么？

我们常常以为资本主义是经历了商业资本、工业资本到金融资本的进化过程，我们一些人甚至把科学、工业革命和资本主义的萌芽在西方产生归功于基督教，这都是无知无识的误会。真实的情况是金融资本一开始就主导了这个过程。金融资本抓住了地理大发现和工业革命的机遇，实现了财富急剧膨胀，从而控制欧美一些国家的政权，成为统治世界的影子帝王。

我们赞成这样的观点，资本主义只能诞生于犹太教而不可能发源于基督教，看看他们的基本教义就能得出这样的结论，因为资本主义的内涵恰恰是基督教教义所坚决反对的以钱生息。

伊斯兰教义同样是反对放贷生利的，而且伊斯兰政教合一，力量远远大于金钱势力。中国也是皇权远远大于金钱和宗教势力，所以东方这两种文明都是政权大于金钱的，都不能孕育资本主义。而西方世界政权较弱，在宗教力量被黑死病削弱的情况下，为金钱所乘，这就是资本主义的源头。

欧洲被金钱势力夺舍了，欧洲人不是没有尝试过反抗，事实是反抗异常激烈和漫长。这几百年来多数革命和战争的深层原因都是各民族反对金融资本控制的抗争。实际上欧洲从平民到贵族都尝试过、挣扎过摆脱资本的控制，只不过是所有的反抗最终都失败了。欧洲的贵族最后多数选择了与犹太金融资本合作，以求分得一杯羹。

因为逻辑告诉我们工商业者没有理由去推翻政权，社会大乱对他们只有害处没有益处。而金融资本则完全不同，他们导演了欧洲激烈的社会变革，是为了直接获得巨额的经济利益和实现对政治权力的诉求。

这样我们就知道了，集权国家与金融资本的冲突性，因为集权产生的组织力量是能够与金钱力量抗衡的。所以未来人类社会的主要矛盾就集中在这里。美国学者亨廷顿已经明明白白说出来了，这叫做文明的冲突。

天、地、人与上帝

一百多年前中国人小看了科技的力量，以为用"中学为体、西学为用"这一招就可轻松对付西方的革命性进步，轻敌的结果是一败涂地。大败之后甚至失去了学习的资格，被抢劫到打翻在地之后的长时间段里，又被西方世界的快速进步和富有压垮了精神。好在经过百年抗争和三十年的闭关疗伤终于缓了过来。但是改革开放之初贫困依旧，这种假象再次搅乱中国人的心智，让中国人再次集体放大西方的优势。怪异的是西方人也再一次误判中国，这让金融资本放松了对中国的警惕。

只有明了真正的世界史，我们才能解答一个困扰我们很久的问题，就是为什么中国没有被殖民或者被灭绝。因为金融资本的缺陷在于没有人，只能雇佣，而集权国家产生的组织力量是可以制约金融资本的。这就是为什么世界历史充满诡异的缘故，战争与动乱的背后有一只黑手在煽风点火。

我们认识到把人民有效地组织起来对抗资本主义很是艰难，最终获得成功更难，因为这对领袖集团的要求太高。既要有极高的权威、智慧，还要无私奉献。一百多年来的历史表明，只有中国人在中共的领导下走通了这一条路，中国之所以能重新走上复兴之路，主因是我们有中共第一代领袖团体这一核心，而根本性的原因则是中国人早就具备集体主义的基因。

中国的复兴无疑打破了金融资本统治全球的美梦。我们现在可以明明白白宣示这样的观点了，就是资本主义只是以金融资本为核心的私人集团推行的一场运动。我们把市场经济、科学和工业革命与资本主义运动做个切割，就会发现金融资本的力量远不是他们表现出的那么强大。未来的世界主流是各个民族以国家的形式自主地选择自己的社会制度，而不是什么非要走进资本主义社会才算是进步。因为在人类的历史长河中金钱不过是人造的流通媒介罢了，人类怎么会被自己创造出来的事物所控制呢？

我们说过，人类通过智力的进化，找到了两种壮大自身的方法：一个是科学技术，为人类制造出改天换地的工具；一个是通过社会组织，人类成为巨人般的整体，两者合体成为接近造物主般的神圣。然而这种进步使得人类变得自大起来。很多人把自然环境的变化归为人类活动的结果就是一种。其实在地球几十亿年的历史上，有很多物种占据过生命链条的顶端，但是由于特殊地质变迁或气候的原因最终都灭绝了。地球的一个小小的偏角变化就能给我们带来酷暑严寒的变化，稍大些的变动会是沧海桑田不可思议的颠覆性再造，更大的则是毁灭性的。

人类虽然试图把握自然规律，然而大自然的变化趋势并不是随着人类的意志而变化的。地球是超越人类而存在的，大自然远比我们想象和理解的强大。目前人类号称拥有毁灭地球的能量，其实只是毁灭人类自身的能量而已。

　　我们中国人面对自然是一种敬畏的态度，天、地、人——我们把自己排在自然之后，西方人则认为有一个上帝造出万物，而他们又是上帝之子，于是在认识世界上他们领先一步。

　　人类在宇宙面前还是很渺小的。人类的历史上，诸多的因素起到决定性作用。除了农业革命、工业革命等特殊的进步之外，例如瘟疫、气候都会极大地影响人类的发展。至于地壳运动、太阳的喷发则是人类根本无法抵御的巨大力量。所以过度解读人的主观能动性是不合适的。

　　西方数百年的领先只是由于科学和工业化的先行一步，而不是什么文化、制度等全面的先进。而科学和工业化进步又是人类集体智慧的集合产物，只不过是欧洲人机缘凑巧先行了一步。而它们的特性是可以学习的，这就使得全人类都能学习。今日中国的复兴已经迫使西方人正视中国，这说明中国有着西方人不能理解和明了的某种先进性，这是一个世界级别的课题，今后会有越来越多的学者参与讨论。我们讨论这些问题的出发点只有一个，那就是恢复我们的历史自信、文化自信、制度自信和道路自信。

第二章　中国的底蕴

中国曾领先世界上千年

中国有五千年的文明史，中华文明我们是世界上唯一一个未曾中断的文明，其他的古代文明由于迄今未知的原因都消失在历史长河之中了，这是最值得我们中国人自豪的地方。

不过中华文明并不是在五千年里一直领先于世界的。现代的考古学发现，古埃及以及古代中东就有可能比同一时期的古代中国发达。但是有迹象表明自汉朝开始，中国逐渐成为世界上最先进的国度，并且一直保持到 19 世纪。

在今日一些中国人的头脑中，一说起我们中国的历史，一言以蔽之就是落后，说起西方则是什么都先进。这个定式是

1840 年鸦片战争以后逐渐形成的。其影响甚广，流毒深远。

很多人认为承认落后才会奋起直追，所以这三十多年来对这类观点听之任之。经过三十多年的奋斗，以前的跟庄战术已经完成使命了，中国人未来的路需要自己走了。这时候，确定自己的优势会坚定我们的道路自信，是会有极大的促进作用的。中国人再自卑下去就变成有害的了，因为自卑的民族是无法领先的。

摆脱西方语境之后我们就会发现，中国社会并不是处于西方学者所言的落后的社会阶段，而是远比西方更早地进入市场经济中央集权的一种超前的社会形态。我们的落伍只是在科学和工业化层面的落伍，只要在科技和工业化领域中加大力度奋起直追，我们就能追赶和超越西方。事实确实如此。如果我们能明确这一点，就不会在市场经济等问题上过度纠缠和纠葛不已，市场经济是比资本主义要远久的存在，而中国人在市场经济中已经摸爬滚打了几千年。

面对私有制和市场经济，甚至中国古代的帝王们也没有我们理解的那样，可以动用绝对的权力来随意改变商业的规则。中国私有制确立的时间比我们想象得要早得多，劳动力早在周朝以前就已经成为商品交换的对象，货币也早已经出现。

到了春秋战国时期，中国的商业就已经很发达了。当年管仲被齐桓公重用，委任以管理齐国，主要的内政就是发展商业，甚至可以说当年的齐国就是以商业立国的。管仲具体的做法有垄断盐铁生意，建立国家粮库，用国家的政策来吸引各国商人，从中抽税。某些商品国家垄断，多数商品放开竞争。这些举措使齐国经济大发展，国库充实，最终成为春秋时代五霸之首。

秦朝统一之后，始皇帝最伟大的举措是统一了度量衡、货币和文字，进行了大规模的道路建设和水利建设，这些措施为全国范围的物资运输和交换奠定了制度和基础。令人叹息的是秦王朝没有能巩固和消化统一的成果，二世即亡。我们要注意的是秦朝虽亡，秦制度却保留了下来。

汉高祖平定天下后，秦制度和工程发挥了巨大的作用。汉朝在最初的时候吸取了秦朝的教训，采取轻敛薄赋政策，是真正的小政府、大社会。而且放任市场行为，不抑制土地兼并，结果就是土地迅速集中到少数大地主手中。富人避税能耐大，国家税收就更少了。皇家不得已，靠卖官爵换钱。到汉武帝时期，是内无粮草外有强寇，逼得汉武帝采取极端措施，动用政权来生抢钱。

中国人早早地上了自由经济这堂课，而且趋利的动力十足，只是没有工业化的助力，商人们从来没有膨胀到可以与皇权竞争的程度而已。而中国早早进入集权时代，皇权极大化，权力才在这场竞争者胜出。中国的统治者一定都明白这个潜在势力的可怕，即商人具有积聚社会财富的强大力量，基本上采取"重农抑商"政策。这一点被现代人认为是错误，这恐怕是现代人搞错了。这种错误就是拿现代的技术和产业水平来衡量过去的政策，是一种很浅薄的错误。

事实上，中国王朝重农抑商政策的最重要内容是抑制土地兼并，即抑制生产要素向大地主手里集中。可见，重农者，重视实际从事生产的农民，抑商者，主要是抑制农村土地兼并而不是压制商品的流通。这样做是去掉了中间的土地所有制环节，使得土地保持在耕作者的手里。

中国没有产生资本主义，这叫很多人耿耿于怀。把中国落后的原因归结为没有产生资本主义，这是我们今天中国学人常见的错误。中国没有产生资本主义关键在于中国的政权势力过大，而不是没有市场经济，相反中国的市场经济一直存在并且还很发达。

事实上，中国各王朝兴起到灭亡的二三百年间，人口的增长是迅速的，这就说明各个王朝中央政府的政策是没有太多错误的。现在我们已经意识到了，中国古代王朝更替的原因比我们理解的要复杂的多，最有可能是气候、外寇、军费、君王个人等各种因素在综合作用，而不是简单的道德这类因素。中国社会在过去两千年里总体呈现螺旋增长，生活用具在进步，衣食住行各种产品的产量和质量都在提高，并不是有些人所说的恶性循环或是原地踏步。

李约瑟在《中国科学技术史》一书中写到，从公元 3 世纪到 13 世纪，世界上技术的流向主要是从中国经阿拉伯向欧洲传播。在炼钢、铸铁、造船、机械装置，当然还有四大发明——造纸、火药、印刷术、指南针等诸多技术领域，中国领先西方上千年。

中国历史像个博物馆，向我们展示着中国人在吃、穿、住、行领域的不断进步。瓷器、丝绸、茶叶、马车等奢侈品在不断普及。名画《清明上河图》描绘的正是北宋首都汴梁城内的市场繁荣景象，表现的是一千年前的事物，要知道在一个很长的时间段里，身为中国人是一种幸福。

有史书记载的中国历史长达三千年，我们只节选其中几个节点来看看哪些是中国历史的关键点，看看是什么因素导致我们中华文明能够传承下来。这种智慧要比西方短短几百年的亢奋崛起重要得多。

商鞅变法

我们知道，秦朝之后的两千多年来，中国其实一直是秦制度，而秦制的源头是商鞅变法。

在商鞅变法之前，秦国是落后于关东六国的，主要原因是贵族的势力大于秦王的势力。所以秦国国力微弱，秦王的地位也就很低，各国都以"夷狄遇之"。

公元前 361 年，秦孝公即位，遂下令求贤变法。他的目标很明确，就是要使秦国富强，为此不惜裂土封侯。商鞅因为在魏国不受重视，应召入秦，随后在秦孝公的支持下主持了中国历史上最著名的变法。仅仅用了十年，商鞅的变法就取得了巨大的成功。变法之后秦国经济大发展，军力强盛，为后来统一中国奠定了坚实的基础。

后人多知道商鞅变法这一事件，却很少有人关注具体的政策。其实商鞅变法的意义远比我们多数人意识到的要大，甚至可以说两千多年来中国社会的扁平化结构都和商鞅变法有关联。所以我们需要关注商鞅做了哪些变法，看看这样大的变革又是怎么实施和实现的。

商鞅最先是从鼓励开荒做起的，这是任何人不能反对的。国君会大力支持，而贵族无法反对。其中关键点在于开荒的土地归拓荒者自己，这就把佃农和雇农解放出来给自己干。这样给贵族干活的人减少了，但是赋税依然。这一政策导致贵族守不住原来的土地，因为农户跑走给自己干去了。这时候国家再鼓励土地自由买卖，把土地逐渐从贵族手里转移到农民手里。这是个渐进的过程，导致贵族无法联合反抗。这一政策的真正意义在于改变了土地制度，仅此一项变法其实就把秦国的国家性质改变了，就是说在关东六国还是农奴制的时候，秦国已经变成了农民个人所有制为主体的君主集权国家了。从人类发展的历史上看，我们无法不承认商君的伟大，他实在是超越时代太多了。

商鞅变法第二条是废除世袭制，建立军功制，这一点是在秦孝公的强力支持下实现的。

其他的变法如重农抑商、奖励耕织、分家单过、推广县制、统一度量衡、明法令、刑无等级、迁都咸阳，以及严禁私家请托、禁止游说、禁止私斗，都使得秦国国力大幅增强。

其实商鞅并不是战国时期唯一的变法者，在此前后，关东六国也先后进行过变法。其中魏国李悝、楚国吴起变法比秦国商鞅变法还要早一些。赵、韩、齐、燕等国随后都进行了变法。但只有秦国的变法取得了最终的成功，那么我们要问为什么其他六国的变法是失败的呢？

历史上很多人讨论过这个问题，但多数拘泥于道德层面，得出的结论启示不大。我们认为秦国商鞅变法和关东六国变法的关键性差异在于土地最终所有权归到哪个阶层，这是个所有制变革的大问题。秦国是大力挤压贵族，将战争变成获利的阶梯，胜利的利益归于每个士兵，将土地最终归于农民个人头上。也就是说每个农民直接面对国君纳粮交税，没有太多的中间环节。而关东六国是土地依然归贵族所有，最底层的人没有获得土地。这在税赋上看差异不大，但是在军事和政治上却是天差地别。所以最初的时候六国经过变法之后也出现积极的景象，国君的收入也增加了不少，但是真正打仗，立刻分出高下。秦国战士为自己而战，六国士兵为他人卖命，绝对是冰火两重天。秦军在军功制度的激励之下如狼似虎，积极备战，一上战场如疯如狂，而六国军队如裹挟之难民，两军相遇往往成了一边倒的屠杀。这不是夸张而是事实。

当年六国在秦国咄咄逼人的压力下，经过苏秦的撺掇，联合了起来。最辉煌的时刻是集合百万大军进攻秦国，结果秦国打开函谷关大门，请六国军队进关，六国的百万大军无一人敢进。秦国为什么会有这般底气呢？不就是因为秦国是全体秦国人的国家么？这一时刻令人震撼，深深刻在历史之上。就是从那一时刻起，统一潮流无可阻挡，任何抵抗都不能持久。秦国统一六国其实是中国土地所有制的大革命。

在秦朝之前，中国社会处于长期的动荡之中，时间长达五百年，后世称作春秋战国时期。这也是中国历史上思想文化最辉煌的时期，被后人赞为百花齐放、百家争鸣。说穿了就是时间足够长，空间足够大，任何思想、观念、学问、智慧都有机会展示实践。最终在长达五百年的你死我活的厮杀之中，无数思想者用生命和鲜血来证明自己理论的正误和价值。

中国历史展示的法则是：某种社会变革愈是松缓平和，社会付出的种种代价便愈小，当然，社会发展的步伐也小也慢；某种社会变革愈是剧烈深彻，社会付出的种种代价便愈大，当然，社会发展的步伐也大也快。世间没有免费的午餐，历史更是如此。人类千百万年的变革历史，就是这样走过来的。

战国时代，强则存，弱则亡，战国变法更接近于社会革命。

华夏文明在经历了春秋三百年较为温和的整合之后，又历经战国两百余年的血火锤炼，统一的潮流终于汇聚成无可阻挡之力量。最终，这一时代成了中华文明的思想源泉。

正是由于商鞅变法和秦国统一六国，中国才变成了中国人的家园。其意义在于中国的土地最终是归中国的劳动者所有的，这才是我们中国人的根，这才是中国两千多年来分分合合最终总是合在一起的关键。

"五胡"十六国

然而，中国的历史书中依然存在着重大的问题，就是现存的记录主要是集中在中国统一的时间段里了，中国历史总被人为地修饰成泱泱中华、天朝上国。尤其是在今天依然有人以为应该胸怀宽大，让外人一点也无妨。很遗憾，这只是我们历史的一半。

事实上，自从秦始皇统一之后，中国的历史只有一半时间是处于统一状态，另一半时间则处于分裂状态。在分裂状态下，我们民族的命运是十分悲惨的。我们只有明明白白地撕开这道伤疤，才能真正明白中国人两千多年来为什么跪拜皇帝。中国人接受服从与强调秩序不是一些人眼睛中的所谓奴性那样简单，这是中国人血肉和生命堆积起来的祭坛，这是我们民族祈祷统一的仪式。

历史的真相是四方之所以降伏是因为中华的强大。中国历史上的统一者往往会受到赞美和歌颂，但是为什么鲜有人赞颂和谈论三国后期最终的胜利者司马懿家族？原因是司马氏篡夺曹魏政权之后带给我们民族的是巨大的灾难，他们建立的西晋王朝在经历"八王之乱"后被匈奴人灭国。北方和西域各族入侵中原，"汉家子弟几欲被数屠殆尽"。中国史书记载的泱泱中华、天朝上国的无限辉煌，其分量都不如这一句话沉重，这就是中国历史上最黑暗的一幕——"五胡"十六国时代，这时期是中国人的千年噩梦。所以不要老盯住曾经的辉煌，那只是我们历史中的一半，而另一半却是深深的伤疤，忘记这灾难意味着背叛。这道伤疤让我们中国人牢牢记住统一是和平的保障。

"人和"是中国的根本

中国唐朝最著名的皇帝李世民说过："以铜为镜，可以正衣冠；以史为镜，可以知兴替。"可见从历史中学习是一种较高的智慧。历史由无数个独立的、特殊的，甚至是偶然的事件构成，但是总体上表现出一定的规律性，这就是历史的科学性。

中国人早就有这种智慧，所以历朝历代都设置史官，独立地或者是相对独立地记录帝国发生的事件，而历朝历代也都重视编纂史书，来为自己和后代提供指引性帮助。

现在我们知道了要真正从历史中找到规律是件很不容易的事情，可能需要足够的资料积累和特殊的天赋。时至今日无数人在研究历史，但是什么是中国的根本，多数人并没有给出明确的答案。

中国历史中著名的案例之一是名著《三国演义》中引用孟子的一句话——"天时不如地利，地利不如人和。"那么我们要问三国时谁占天时？谁占地利？谁占人和呢？我们知道按照孟子的这一观点谁占人和谁能最终胜利，那么占据人和的是曹魏集团才是。可是《三国演义》的作者搞错了，他把人和错误地按在刘备集团的头上。真实的历史上是曹操一方占据人和，根据是曹操在汉末乱世中把流民集合起来屯田成兵，故而曹魏政权当时在政治上是最先进的，而刘备和孙权集团依然是靠着联合上层集团得以残喘一时的，故而曹魏最终胜利不是侥幸的，不存在诸葛亮以个人能力和聪明来翻盘的可能性。所以"人和"才是中国文化的根，这是中华文明最高的政治智慧。

明清两朝

明清两代的历史对当今中国更有现实意义，原因是同一时期欧洲开始兴起，明清两朝代错过了科学和工业革命的机遇，为后人所诟病。

我们会看到，中华文明也曾有过科技革命的前奏，也曾有过大航海的时代，中华传统并不排斥科学。明朝在航海、铸造、地理发现、天文研究、数学、物理学等等重要领域都进行过可贵的探索，也取得了惊人的成就。而且北方游牧民族的侵扰使得明王朝很注重军队的建设和先进技术的应用，中国统治者没有太多道理和理由去拒绝更为先进的技术和利益。所以这里面一定有我们未知的原因导致中国的历史走了弯路。

现在有些学者认为明朝灭亡的主因是气候原因，这种判断很有道理，因为有资料表明在明朝末期中华大地遭遇了千年不遇的寒冷期。是全国范围的近七十年的干旱导致帝国无法支撑庞大的人口，引发内乱，在内乱之中统治者和造反者同归于尽，最终导致满族趁虚而入。郑和下西洋的时候带回了番薯、玉米等耐旱耐寒的粮食作物，最终没有挽救大明朝，反而成就了清朝。

清朝不是我们这些年电视里演绎的那样先进，满人为了保障自己的统治还是采取了很多限制汉人的政策，这在一定程度上阻碍了中华转型，错过了工业化的机会。但也不能说清朝政府就是坏得没边，只能说最终不能完成保卫国家的任务导致清朝统治的灭亡。

两千年来，中国最高的统治者在向外扩张受到大自然的束缚之后，为了统治的稳固，基本上采用儒家文化治国。这对缓和国内矛盾还是起到了一定的正面作用。但同时也会弱化民族的尚武精神，常常表现为对外部侵略无力应付。一旦最高统治者的力量被削弱，大量的无组织的民众并不能形成力量对付外寇，这就是我们中国社会结构最明显的短板。明清两朝居然都是毁于外敌的入侵，这种耻辱让我们很少以明清两朝为荣。

近代史与世界市场

在工业革命之前，农耕是世界上效益最高的产业；商业虽然获利巨大但却是最危险的行当，是拿命换钱的行为；渔猎游牧则是效率相对低下的产业；我们认为效益决定文明成败这一观点是成立的。

最早的文明出现在中东而不是中国，但是农业文明最终在中国结出最灿烂的果实，其主因是地球的气候变化导致东方变得更适合人类生存。中东中央版块荒漠化严重，引发大规模的人口流动和迁徙，犹太人也因此成为商业民族。

中国在 11 世纪后期，即宋朝的时候，就已经达到了农业社会的巅峰。到了清朝统治的时候，更是实现了全国性的和平。清朝以抑制汉人去草原开荒的政策解决了北方游牧民族与农耕汉族之间的矛盾。再加上郑和下西洋带回来的粮食新品种，以及从美洲传到中国的玉米等耐寒耐旱作物，促使中华大地上的人口数量大幅度增加。

勤劳、智慧、心灵手巧的中国人制造出大量的优质产品，极大地提高了全世界的生活水准。正是为了保持对华贸易的顺畅进行，中世纪晚期的犹太资本在葡萄牙、西班牙王室支持下，发起了地理大发现和大航海运动。美洲被发现、印度的殖民化，都是以中国为目的地的大航海运动的副产品而已。至少在最近的一千多年的世界历史中，中国一直是世界的中心，是名副其实的"中央之国"。

以这种历史观来看世界就会发现，中华帝国在工业革命前的世界经济史中占据着极其突出和积极的地位，科学与工业革命的发生是欧洲与中国贸易相关度极高的事物。

世界的白银与黄金长期以来都控制在欧洲的犹太资本手中，而欧洲需求中国瓷器、茶叶等商品，中国选择了用白银作为货币，这种结合导致了 15 世纪以来全世界商业市场的极大扩张。新地理发现、宗教改革和近代欧洲资本主义的兴起都是有着强烈的内在的财富利益驱动的，可以说金融资本和欧洲贵族为了发财而形成了合力。这力量引导了近代世界。

实际上全球贸易体系至少可以上溯到五千年前，而不是西方人书中写的五百年前，商贸活动几千年来一直在世界体系中发挥着主要作用。换句话说，"太阳之下并无新事"，市场经济古已有之。

从商贸角度讲，直到 19 世纪欧洲仍处于世界经济的边缘地位，而世界经济的中心仍在中国，只是因为新航路开辟后欧洲人征服拉丁美洲并占有了贵金属，从而获得了进入以亚洲为中心的全球贸易圈的机会，欧洲方有机会以贵金属来弥补对亚洲贸易中的结构性逆差。难以想象没有美洲的白银，欧洲人将拿什么来中国做买卖。

　　明清时期中国出口了大量的丝绸、茶叶、瓷器到欧洲，换取了大量的白银，以至于中国这个非白银生产大国却用白银当流通货币，可见当时中国赚了多少白银。从宋朝开始到明清几百年间，当中国把世界的白银都赚回来了，有钱的中国反而危险了。原因是中国没有重工业只有手工业，只是一个贸易大国，不是军事大国。没有军事实力，非常脆弱，不堪一击。最终并没有守住自己的金银财宝。

　　当全世界的白银都到了中国人手里的时候，英法等帝国无法继续与中国做生意了。此时，为了消除自家的贸易赤字，英法用在印度种植的鸦片来换取中国的物资，以贩毒的方式掠夺中国的财富。大清帝国当然不能容忍这种伤害，当林则徐烧掉鸦片禁烟的时候，就直接断了西方帝国的贸易财路。所以才导致鸦片战争的发生，导致了英法强盗打进北京城，上演了火烧圆明园的悲剧。欧洲最终用枪炮战胜了中国，用战争又把白银抢了回去。

　　历史的结果就是这样直白，鸦片战争后大清签署了那么多不平等条约，又输银子又输地，中国进入恶性循环之中。

　　真正的历史不是我们后来一些人描述的那样是什么清朝闭关锁国、经济落后，而是由于军事落后。如果有人说我们中国人记吃不记打，那我们也只能羞愧地说，最高统治者以为联合了蒙古族就不会再有野蛮人的威胁了。他们无法理解会有更野蛮的人从海上过来，还带着巨大的火炮。因为这不符合我们中国人理解的世界，超出了我们的想象。

我们曾经以为大象是安全的，直到看到两头雄狮合力杀死大象去争夺最后的水源的镜头，才知道我们的世界观是错的。1840年以前的清朝，就是这样一头大象，英法就是杀死大象的两头狮子。

有人估计，从1500年到1800年，美洲和日本开采的白银一半流入了中国，用来购买中国的手工业品。在这300年间，中国拥有巨额国际贸易顺差，是世界经济和贸易的中心。然而享受着富裕生活的中国人没有想到遥远的欧洲却悄然出现变异性进化。工业革命除了极大地提高了欧洲的生产力之外，还补足了欧洲社会的短板，就是用社会化大生产把分裂的欧洲联系和组织起来。这使得欧洲不光拥有了锋利的巨剑，还成长为巨人，从而有了横扫世界的实力。大炮打碎了世界上所有没有工业化的民族和国家的门槛。

中国的统治阶层尤其是清朝贵族并没有采取正确的方式对应这场革命，最终农耕的手工业的中国无力对抗全面工业化的欧洲。数百年商贸积攒的财富在一百多年里被外寇洗劫一空。在这巨大的外力的压迫之下，中国社会产生反弹，尝试着变法图存。然而清朝贵族最后的一次努力——戊戌变法依然失败了。

戊戌变法为什么失败

距今140多年前，日本发生了明治维新运动。明治维新的成功使得日本有效地组织起来，他们加强了军队建设，逐步积累工业基础，将日本变成了工业化国家。约110多年前，中国发生了戊戌变法运动，却失败了，变法失败导致清政府灭亡，把中国变成了军阀混战的半殖民地国家。中日这两次维新变法有着惊人的相似之处，但是结果却截然相反，最终给两国带来的命运更是完全不同。

明治维新和戊戌变法最大的不同是国际环境已经完全不一样了。日本明治维新的时候世界诸强都处于战争之中，国际环境很宽松。三十年后中国戊戌变法时，世界列强分食殖民地、瓜分世界的争夺已经基本完成，中国成了列强在东方争夺的"唯一富源"。列强绝不希望也不接受中国再强大起来。

其次是中国变革势力与日本维新派实力的强弱不同。日本明治维新是日本天皇与中下层力量合作，挤压推翻幕府旧政权获得政权。而中国当时最高统治阶层并没有变革的意愿，还是极力在试图维持。想想看，是什么力量导致慈禧宁可对自己的儿子下毒手也拒绝变革呢？这只能说明中国变革的力量没有形成，而反对者的力量过于强大，这才是历史的真实。最后的差异是中日两国改革的路线不同，日本的变革力量大却依然战战兢兢，选择阻力最小的方式渐进，中国皇帝没有力量支撑，却大张旗鼓将自己的执政基础推到反对改革的一边。

时至今日，依然有人认为光绪皇帝应该先设议院、开国会、定宪法等，这是多么荒唐。其实光绪帝唯一的机会是潜移默化抓住权力，整顿军备，在对外争斗中逐渐掌握军权，渐进变革。而不是去颁布一系列涉及政治、经济、军事、文化方面的变法诏书，这类根本没有任何力量支撑的宣言只会引发反对力量的集聚和爆发，而不会得到任何有效的支持。要知道圣旨也得有执行力才能是有效的，皇帝的权威也是建立在武力和金钱的基础上的。

历史无需假如，清朝灭亡的主因就是没有将民间商业利益转化成国家军事力量。清朝贵族早就丢失了祖先金戈铁马的野性，变成了只知道享受者。说什么"洋务新政"，"同光中兴"；讲什么经济构成，工业基础；论什么新兴中国资产阶级，政治架构、法律、制度；谈什么"中体西用"，所谓的维新、新政、君宪、宪政，再君宪，这一切全是修修补补，都无济于事。其实落后的中国重中之重是强军，关键点是需要对外战争胜利，是闭门疗伤。中国最高的统治者明白得太迟了，真正着手建设新军的时候，已经是大厦将倾，清朝贵族被轰下去的最终结果就是中国陷入军阀混战的怪圈。异军突起的是买办。

买办化

买办正式登上中国舞台是在鸦片战争以后。当时欧洲各帝国的主要利益并不在中国，但是不啃上中国几口又对不住豺狼本性。由于中国存在中央政府，语言完全不同于西方，生活习惯也不一样，所以欧美财团主要是通过买办来代理自己的业务，同时也通过买办在中国谋取更多的利益。

列强的商品输出需要代理，资本输出需要借方，武力掠夺需要汉奸帮凶，这都需要找到中国人来帮忙，这就催生了买办。买办的利益来自洋人的赏赐，随着中国利益向西方大量输出，买办的势力也大大增强。

清朝的突然垮台，导致中国群龙无首，孙中山匆忙之间赶回国收拾烂摊子，这就是为什么辛亥革命没有太多内涵的原因。辛亥革命对于中国大众来说，就是剪了脑袋上拖了 260 年的辫子。鲁老爷还是鲁老爷，阿 Q 依然是阿 Q，结果就是革命的果实被手握军权的袁世凯褫夺。

袁世凯试图逼迫中国人接受他当皇帝，他的底气来自中国各种力量不能统一的话一定会天下大乱。短命的袁世凯死后，中国果然陷入军阀混战。各路军阀除了抢劫，就是满世界借钱买枪，借钱要抵押，那就抵押主权和未来税收，各路军阀是毫不吝啬地将中国抵押给了洋人们。

到了北洋军阀时期，中国已经形成了江浙、华南、北方三个买办财团，买办的主业变成了金融，通过资助各派军阀，让西方获得了中国矿山的开采权、税收权以及海关关税等看得见摸得着的收益权。

由于北洋军政府已经投靠了西方，苏联为了在中国保持影响力，转而帮助国民党。是苏联给的卢布和枪，建设了国民党第一军、黄埔军校，支撑了北伐。

国民党胜利在望，英美财阀和中国的江浙财团改变态度，国民党开始摆脱苏联和中共。蒋介石发动"四一二"政变作为投靠英美财团的投名状，变容共为"剿共"，变节成了英美财团反共阵营里的小马仔。

1927 年崛起的蒋介石政权其基础就是大买办和大地主，到 1937 年，蒋、宋、孔、陈四大家族已经垄断了中国的金融业。被挤到一边的其他中小买办更干脆，转身投靠日寇，1940 年汪伪政权完全彻底是由买办构建的。

买办，是对中国近现代史产生了巨大影响的、历史上未曾有过的一个新的阶层。客观地说，买办对于推动中国早期现代化进程起到了一定作用。自鸦片战争以来，买办投资新式企业，一定程度上推动了中国早期工业化，引进了西方科技文化。

但是问题在于，买办不同于普通商人，前者更像是一头怪兽，为了获利，不惜牺牲和出卖国家、民族利益。具体表现在：对买办而言，任何长期投入都不如短期见效的买卖好，所以买办控制下的中国没有任何重工业的发展。军阀们借到钱就买枪，有了枪就抢地盘，结果就是内战频发。

买办没有祖国，所以对建设没有兴趣，对国防的兴趣远远低于对国内的掠夺，所以才会有一般人不能理解的理念。买办最著名的观点是 1931 年 8 月 22 日蒋介石在南昌说："中国亡于帝国主义，我们仍能当亡国奴，尚可苟延残喘，若亡于共产党，则纵肯为奴隶亦不可得。"对今日国家民族概念已经根植于心的中国人而言，这种说法是多么不可思议。但是如果从买办的角度就比较容易理解了，他们眼里只有自己的利益。

解放前的中国农村有大量的难以生存的人群，中国的工人也只是苟延残喘，中国的读书人也是在窒息中积攒愤怒，军队的基层也是一些卖命求活的人，甚至有不少地主，也因为日寇的侵略丢失了土地。牺牲工人，牺牲农民，牺牲知识分子，牺牲军队，牺牲国土……这是国家么？都牺牲了还剩下什么？整个民族都灭亡了，谁还有好日子？这是中国千百年来未曾遭遇的，异族屠城亦不过如此的灭顶大灾难。

为了自己的私利敢拿全中国人的利益做牺牲品，这个凶狠的怪物就是买办。

积弱的中国引发日寇的觊觎就很正常了，中国国土之上建立了伪满洲国，中华民国居然不敢开战，这一点连清朝都不如。清朝好歹也是拼了老命，打了那么几仗，实在打不过，弹尽粮绝，才签下耻辱条约的。

传说中中华民国的黄金十年，就是欧美各发达资本主义国家都处在经济大萧条时，暂时放松了对殖民地国家的压迫，中国的民族资本家总算是过上了几年好日子。中华民国的历史，提起来满脸都是泪。基本总结就是四分五裂、军阀混战、外族入侵、民不聊生、饿殍遍野。司徒雷登曾说过，中华民国足足饿死了两亿国人，还主要发生在蒋介石的国民政府时代。

等到蒋介石逃离大陆的时候，中国已几乎到了"蛮荒亡国"的地步：人均寿命不足 35 岁，文盲高达 80%。中国两千年里唯一一次落后于印度就在此时。清末中国面临的三大挑战：极端的贫困和积弱不振、列强环伺的生存危机、国家的分裂和军队的军阀化，中华民国不但一个都没有解决，反而在二战胜利之后丢失了外蒙，成为中国历史上首个不是因为战败而丧失的领土。

近二百年的历史证明，一旦买办的意志上升为国家意志，则必有投降政治、消极军事、破产外交和殖民文化，这就是我们无法容忍买办的原因所在。无论过去现在还是将来，买办都是中华民族最大的敌人，这应该成为我们的共识。

中国共产党这九十余年

我们后来用开天辟地来形容中国共产党的成立，这也没有什么不可以。不过最初的时候却是苏联在中国的战略使然。

中国共产党建立的那一次聚会是以北大旅游团的名义集合的就说明了问题。实际上，当时北大的知识分子试图为中国寻求出路，而当时的苏联，由于被西方势力围剿，也需要寻求友好的势力相互守望扶助。双方可谓找到了共同点。但是，参加共产党的北大知识分子们最要命的缺陷就是试图把十月革命在中国复制一遍。

华夏中国，几千年里从来没有从海上冒出过英法这样强大的敌人。中国朝野把洋人视作魔鬼，惊呼遇到鬼了。这一百多年来所发生的一切颠覆了我们以往的认知。天圆地方，我们中国人在大地中央，这样的世界观在炮弹的轰鸣中顷刻间跌得粉碎。真实的世界和我们理解的完全不一样，除了我们，还有更为强大的西方存在。东方特别是中国，不是世上唯一的先进文明。这让我们中国所有的人都无法理解和接受的现实血淋淋摆在眼前，过去一切辉煌在巨炮的爆炸中化作青烟。

昨日高高在上视西方诸国如蛮夷，转眼之间匍匐在地祈求苟延残喘，这就是中国的统治阶层的作为。欧洲人手里的枪炮超越了我们的认知。打翻在地的中国人再看洋人，就觉得洋人变得高大无比了，原来的价值观都被颠覆了，大动荡的百年里中国失去的不光是财富，还有自信和尊严，留下的只有失败和屈辱。面对西方人强大武力支撑的殖民侵略和掠夺，中国大众承受的只有流血和死亡。

中国北方的领土丢失得最多，因为清朝的发源地由于满人入关而完全空虚，被俄国人鲸吞了。东部海岸则被列强们瓜分蚕食。列强们早就明白和实施精确打击，他们并没有把目标完全对准普通中国人，而是直接指向中国的最高统治者。他们先把最高统治者打翻在地，然后逼迫他们签订屈辱的条约，通过中国的统治者间接地剥夺中国底层人民，完全割裂了中华的上下阶层。

中国社会的上层背叛了，中间阶层太弱而且自私，下层人民完全是一盘散沙。洋人们成功地将中国这个大块头放翻在地，然后吸血。到 1921 年中共成立的时候，情况并没有什么好转，唯一的变化是皇帝没有了，换成了一堆军阀。谁也无法一统天下，于是打作一团。

近百年的屈辱挨打，引发了中国社会的强力反弹。中国唯一的出路是抱团，抱团就需要思想的指引，到哪里去寻求呢？这就成为当时中国社会最迫切的问题。

我们在春秋战国时期出现过儒家、墨家、道家、法家、兵家、名家、阴阳家、杂家、纵横家、农家……，我们称之为百家争鸣。民国时期各种思潮其实比诸子时代还多，有无政府主义、工团主义、工读主义、基尔特社会主义、国家主义、马克思主义、三民主义、托尔斯泰的泛劳动主义、杜威的实用主义、武者小路实笃的新村主义、村治派、本位文化派、现代新儒家、乡村建设派、玄学派……

各种西方的主义都有中式信徒。军阀们信奉的是实用主义，有奶就是娘，有钱就是主子，他们冷笑地看着这些书生们叫嚷，转脸去寻找自己的洋人靠山，买枪占地盘。

中国共产党在夺取全国胜利之后总结道，只有社会主义才能救中国，但很多人似乎不以为然。其实在长达几十年的时间里，中国社会给各派团体都留了空间，各种理论和派别以及组织都有实践的机会。但是在蒋介石取得政权之后，所有温和的变革之路都被堵死了，武装斗争成为唯一选项。

但是武装斗争并不意味着必然能赢。中共从 1927 年开始土地革命，二十多年后获得全国的胜利堪称奇迹，其中一定包含有真理层面的事物，值得我们去探索。

我们惊讶地发现，共产党能够胜利是由于出现了一批特殊的人，他们尝试着寻找着联合着所有的有利于革命成功的因素和力量，以最为决绝的牺牲和漫长的奋斗最终奇迹般获得政权。

所以，如果认为自从有了共产党就开天辟地，焕然一新，只是一种对历史的误会，没有真正价值。完全无视这场几乎无法完成和实现的革命的残酷性是有害的。中共在解放前的成功是一批特殊的人用生命蹚出的一条血路，如果非要找出一个理论来，那也只能叫毛泽东思想。它是在漫长的中国革命的过程中由无数的中国共产党人和人民大众的牺牲凝结而成，这种胜利有必然的因素。

中国人用血否定了西方式的两党制

中共是从 1927 年开始走上武装斗争之路的，井冈山就是毛泽东思想开始形成并经历实践检验的地方。共产党起家遇到的最可笑的事情就是苏联真正支持的是国民党，有人嘲弄地说给共产党的是理论和书，给国民党的是钱和枪。

没有共产党的组织，中国人民是无法把握自己的命运的。而且中共的胜利意味着中国摆脱了苏联、美国以及所有帝国主义的控制。

1840 年之后的一百年里，由于中国巨大的块头，西方列强们不敢惦记着直接殖民中国，总是在中国寻找自己的代理人。这是中国百年乱象纷呈的深刻原因，列强们的共同设想就是中国最好产生分裂或者实行多党制。

最热衷这个东西的不是中国人，所有的对头和敌人都给中国推销这个东西，至少是美国最想中国这样。

美国人是真的想让中国变成两党制，国共内战之前一直居间调停。苏联是更进一步，直到解放军过江前夕还指示中共最好划江而治。美苏两家在别的问题上都针锋相对，争个你死我活，在分裂中国的问题上却是空前一致。他们居然都愿意中国出现两个党，最好是分成两个或者多个国家。中国实行两党制是这两个超级大国最想做都没有做到的事情，怎么在一些人的脑子里就是必然之路呢？

遥想当年，美国人为了中国能走上两党制的"进步"之路，派已经退了休的大名鼎鼎的五星上将马歇尔将军，不远万里来到中国，就是为了促进中国的"民主"事业，就是为了在中国建立两党制。鞍马劳累最终无果，这怎么能不叫中国叫嚷着要民主的人痛心疾首、痛哭流涕呢？

这一点都不好笑，相反这段话是我们难以表述的愤怒，试问天下谁能保障中国人在西方式的两党或多党制下能够稳定呢？承认中国的一切进步必须是基于稳定的基础上的，这是中国人最基本的立场。一切说着漂亮的话语号称是为了中国的进步却罔顾动荡的危机的作为是极端的冷血，中国人的血难道还没有流够么？中国人用血否定了西方式的两党制难道不是历史的真实么？中国共产党领导的多党合作和政治协商制度难道不是符合中国国情的社会主义政党制度吗？

道路

道路选择可不是轻飘飘的话题，而是涉及到利益和生死之争的大事。其实一百多年来我们试过了许多的道路，除了列强给我们设定的殖民地道路之外，自强的道路都被堵死，都走不通，这就是结论。

中国被洋人打翻在地之后怎么都摆脱不了被奴役和被欺凌的境地，几乎是无路可走。为了国运的逆转，清朝的王公贵族们尝试过，北洋军阀们尝试过，孙中山尝试过，蒋介石尝试过，中国社会各个阶层都尝试过。可以说中国能走上社会主义道路是千万级别数量的生命的牺牲换来的。

中国社会从某一天起出现了一种集体右转的趋势，这成了一道奇景，就像被严父压制太久的青年进入叛逆期一般。叛逆的时间还挺长，长达三十多年。不过也意味着中国人在走向成熟，我们社会多了一点理性，也多了一些宽容，也开始能以较为平和的态度看待我们刚刚过去的历史了。

中国社会经历了你死我活的拼杀，反映到党内，曾经在一个时期，党内的斗争也异常残酷和激烈。这可能是我们成长的代价。中国共产党的路线抉择，不仅仅维系一个党的命运，也关系到民族与国家的命运。故而一路走来，付出的牺牲巨大。我们认为所有的牺牲都是有价值的，不论是主动牺牲还是被动牺牲都是我们后人的财富。

目前一些人把毛泽东和邓小平对立起来，这是一种非常有害的行径，因为这会割裂我们的意识形态。现在中央提出两个不能否定是对的，也是必须的。进一步说，其实中共近百年的历史是一脉相承的。

为了说明这一点，我们这里重点讨论一下毛泽东与邓小平的关系问题，这对我们今后的政策选项是有意义的。

首先有人会问，邓小平是不是毛泽东选定的接班人？我们说是，邓小平是毛泽东亲自选定的接班人。对毛泽东这样熟读历史的人物，接班人问题是最重要的问题。当我们细细品味这段历史，可以发现实际上小平自 1955 年之后就是毛泽东亲选的接班人，其他的都不是真正的接班人。这从权力分配和交接上就能看出，全党高级干部也多明白。

　　第二个问题是邓小平能不能修改路线，答案也是肯定的。过去皇帝子承父业多数都会做出修正，那么到了小平这里根据实际情况做出修改又有什么错呢。我们建议理论界达成基本共识，就是不要再把内部路线分歧搞成敌我矛盾。

　　最后一个问题是毛泽东知不知道小平要走的路线，我们说是知道的。他们的政治路线的分歧是公开的，作为政治家毛邓都是属于阳光型的，自己的政治主张是不更改的。

　　毛泽东最终没有把权力直接交给邓小平，这实际上也产生了一种约束。这种约束在随后三十年中时隐时现，多数时候表现为改革的阻力，这大概就是毛泽东真正的目的。这种约束导致某个时期即使向右的力量再大，也无法放开手脚，从某种意义上说保障了中国社会的前进与稳定。

　　我们需要知道彻底否定毛泽东是一件无法完成的事情。他们那一代人不光是做了自己该做的事情，更神圣的是一代人吃了两代的苦，他们做的比我们能够想象得还要多。那是一个给普通人灌输了理想和道德的时代，是难以达到的神迹。

　　中国共产党用了几十年的时间构建了一个新的世界观，这种信念构建了中国的社会正能量。这种信念实际上帮助了我们抵抗西方的思潮，保住了我们国家。而且给我们民族争取到了时间，让我们有时间有机会看清楚各种道路的后果。中国之所以没有像苏联那样被内外合力所摧毁，靠的恰恰是这种力量。这就是毛泽东为首的中共第一代领袖们的遗产，这遗产是如此的巨大以至于超出了我们认知。最终我们会明白，任何牺牲都是有价值的，巨大的主动的牺牲一定会有积极的成果。

制度的反思

一个制度的建立，维系着千百万人的衣食住行、生存和命运。一个制度好与不好，标准是什么？没有人能真正讲清楚，但绝对不是轻飘飘的一句话。制度也不是衣服，感觉不好就换另一件。制度和很多人的生活直接相关，甚至骨肉相连，生硬废除会流血的，是要付出太多的生命代价的！真的天下大乱起来，千百万的公务员、工人、农民，在动乱中将失去生计，流离失所。我们敢负责任地说，如果中国今天的制度解体，如果中国四分五裂，等待中国的绝不是富裕与光明，而是经济的非洲化！债务问题的拉美化！政治动乱和内战频仍的黎巴嫩化！许多中国人将流离天涯，成为现代巴勒斯坦人。

人以群分，世以国分，迄今为止人类还没有出现过对所有民族都适用的社会制度。一个国家内部的阶级斗争在某种状态下会表现成主要矛盾，但是更多时候，这个世界上各民族之间的利益冲突更具有普遍性，这是我们必须记住的道理，这是血的教训。

中国改革开放没有现成的理论可供借鉴和指导，是遵循小平同志"摸着石头过河"的教导。也就是说中国的道路是全新的，没有参照系的，需要摸索。我们用一百多年的血、泪、汗水已经证明了的一些正确的东西，也被想全面西化的人们轻易地否定了，而这种否定也引发了大混乱。

从历史角度看这种混乱也可能是一种必须的混沌。中国人受的苦太多了，但是还没有结束，我们把这种否定变成否定之否定，由我们后人来完全确立先辈们所付出的巨大牺牲的真正价值。

改革开放后的三十多年，我们之所以能够度过种种危机而不倒，不是我们有多么聪明，不是我们有多么智慧，而是因为我们的先辈们在此前三十余年的建设中所打下的基础足够牢固。

君子不立危墙，大国不蹈险途。这是我们中国人用几千年的拼杀得出的智慧，看似保守其实高明之至。

我们知道，金融资本是金钱游戏。其力量源自人类的自私本性，举世无敌，甚至不可战胜。然而人之所以为人，是因为人性之中还有另外的一面。人类真正的智慧除了使用工具还有更大的无尽的力量，那就是人类的组织力。

金融资本最擅长"暗战"，最拿手的武器是"糖衣炮弹"，而且暗处隐身，和人们的生活息息相关，以至于无处不在。它们扰乱国家，分化民族，能杀人于无形！我们试图找到中国人在政治、经济、军事、文化各方面的优势，很多人不接受，认为这是拍马屁，却不知道自信才是我们抗敌的基石。

面对未来，有人认为，目前我们最需要理论的创新，其实我们更需要的是领会前人的智慧。我们从毛泽东思想里看到的是一种高屋建瓴的智慧，得到的是一种从西方人那里不可能得到的指引，甚至于中国的古人也未曾有过的指引。创新的呼唤背后隐藏的很可能是浮燥和不自信，往往是一种看似正确其实是不老实的态度。其实真理距离我们中国人如此之近，而且历史早已证明它的有效性，那就是曾经引领我们党从胜利走向胜利的毛泽东思想。

我们认为担忧中国未来的人们是有良知的，但是有人提出"中国人要形成新的国家安全观、战争观"则大可不必。中国共产党人完全可以从我们几千年的智慧中和我们党的九十年的历史之中总结出智慧，把农业和国防这两个国之根本牢牢抓住，影响国计民生的大局不容外人插手，把党的利益和全体人民的利益结合在一起，就可以立于不败之地，就会稳步达到我们的目的。

市场经济并不是欧洲人的专利。金权的效率低于政权，而且它不易实现集中，容易分散，会随着自然人的死亡发生重大变化。所以金融资本在欧美历经几百年，即使是借着科学与工业革命的东风极大发展但依然没有使欧盟形成统一的力量。

苏联解体之后，很多敌视中国的人兴高采烈，觉得中国也快完蛋了，即使还能坚持几天也已摇摇欲坠了，最终的结局也一定是完蛋。这种观念深入一些人的心里，预测中国崩溃的言论隔三差五就冒出来，每一次都像肥皂泡一样破灭了。但是没有任何人感到汗颜。为什么他们这么热衷于或是期盼这个国家灭亡呢？因为这个国家所表现出来的势头和力量令一些人感到不安。这个问题我们需要好好想想。

中国人的性格自古以来就是平和的，几千年来直到新中国成立后，我们与外族和其它国家所发生的战争，多是为了抵御侵略而不是掠夺他人。这就是我们这个温和的民族和国家。我们现在知道了，还真是有这些人对我们这个民族虎视眈眈。当然也不是只有中国人处于企图被灭绝的位置，很多的特别是有色人种都在一些人要灭绝的范围，而中国不过是实现这种妄想最强大的敌人。因为只有中国人才能阻挡这种势力，所以中国被一些人视作眼中钉肉中刺就是很正常的了，这种敌意甚至与政治体制、经济体制、文化毫无关系。这些变化都不足以改变中国人，因为你不可能改变基因，而有的人看到黄皮肤就烦，你还能怎么办？黑眼睛、黑头发、黄皮肤就注定了你是某些人的敌人。

中国共产党是我们民族经过近二百年的磨难和拼杀集结而成的领导团体，每一个中国人都有亲人是中共党员。中国共产党现在的领导层，多数人是平民家的后代。共产党依然代表着十几亿人民的利益。我们的党章宪法、党纪国法都没有改，所有的贪腐者忐忑不安，这就说明国本尚在，一切可为。

维护历史的严肃性

现在网络很发达，谣言很容易传播。本来谣言也很容易戳穿，但是由于很多人掉以轻心不予理会，导致以讹传讹，最终损害的是中共的声誉。我们革命者的后代们应该担负起维护国家先人荣誉的责任，不能享受着他们的遗产，却令先人们清誉蒙尘，这是不应该的。

这个世界上总是有少数人是脱离物欲而活着的，他们比追求物欲的人更有精神，更接近永恒。一些了不起的英雄，他们愿意无私奉献从而带领人民不懈努力勇于担当地前进，从而实现追赶，这就比顺风顺水获得权力和财富的人更值得尊崇。我们的先辈们付出了鲜血和生命，为的是让我们过上好日子，我们正在往好日子上走，但如果认为今日的进步是自己的本事所致，那可就是不客观，不历史地看问题了。

中国共产党的历史一脉相承，其目标是极其清晰的，那就是中华民族的复兴。所说的和所做的一切都是为了实现这个目标，这一点要讲清楚并不难。我们中国是一个实用主义的民族，这是我们的优势而不是丢人的事情。毛泽东思想是我们弥足珍贵的精神财富和指导思想。确立毛泽东思想为我们的理论基础是一个系统工程，这个工作的意义是非常大的。

我们反对两种观点，一种观点就是全面否定前三十年，只歌颂后三十年，这要么是居心叵测要么是缺乏历史观点。但是我们也不赞成那种全盘否定这三十年的观点，新中国的六十多年，和共产党的九十多年是一脉相承的，路线不同，但是目标从来没有改变过。割裂历史是一种很不负责任的态度。

判断一个社会是否进步，可以从衣食住行等生活水平的角度考虑，但是更应该从农业、工业、国防、科技、教育等大的方面考虑，这样一来我们就会发现，中国这六十年来进步是实实在在的。

这一百多年来向前看中国人是一代更比一代苦，往后看是一代更比一代好。前人的苦难牺牲流血流汗都没有白费，都变成了我们的物质和精神财富，不但无可指责，而且需要后人怀着敬意祭奠。

中国共产党理应有足够的政治自信，没有自觉地维护党的历史是愚蠢的。

目前中国问题多多，民众意见集中在贪官腐败、下岗失业、有毒食品、强拆、飞涨的房价、群体事件上。有人指出中国的资源被宰割了，中国的金融被宰割了，中国市场被宰割了，中国农业被宰割了，中国的精神被宰割了，你能说一点道理都没有？

但是，今日中国处于什么阶段呢？事实上中国社会目前正处于爬坡状态，只能鼓劲不能泄气。而且把个人行为等同于全社会的倾向性政策，结果只能是造成混乱。我们的问题是很多，但是不能全面否定，所以最近中央明确发出声音，反对两种否定的倾向。

解决中国当前诸多问题的指导思想只能由我们自己去摸索。中国人必须自己解决自己的理论问题，甚至可以说前面没有现成的康庄大道。我们只能走一条新路，这是对的。

当下的表述是既不走封闭僵化的老路，也不走全面西化的邪路。

没有人再能否认我们的进步，但是还是有人诋毁，他们说，这是因为靠低劳动力成本、低人权优势，以及付出污染环境的代价所换来的。

有人说我们中国落后的根源就是封建、腐朽、没落的文化，我们要想进步就要先去学习人家所尊崇的最高价值观和社会制度、政治体制。这在六十多年前或许还有几分道理，六十多年后怎么还是这个调儿。人类社会最重要的是各种力量是怎么作用的，没有什么规定性。

我们在宋朝的时候创造了世界上最先进的文化和最富有的生活，最后为蒙古铁骑所征服。我们在明朝的时候有所恢复，又被落后的游牧部落满人侵占。两次换代都没有人说是因为我们的文化落后，怎么到了我们已经开始追赶并且已经可以看到希望和曙光的时候还有人嚷嚷我们文化落后啊。

三十多年前，中国走上改革之路的时候，急剧吸收了世界上所有的文化，现在到了该消化鉴别的时候了。古今中外的一切文化都将经受我们的鉴定，我们应该有这样的自信。

我们经历过军事上的风暴，从被几万洋人践踏金銮殿到打败联合国军；我们经历过经济上的风暴，从富甲天下到全面赤贫，再到重新复兴；我们经历过政治文化风暴，而时间长达近二百年。

我们看待社会还是要从大的方面看，不要简单地盯着具体问题把缺点无限放大。我们会看到我们的军事力量在加强，我们的财富总量增加迅速，因为我们从外部世界得到的资源远远大于我们输出的资源，这都是发达国家的基本特征。中国目前虽然人均水平还很低，但是获取外部资源的趋势却在加强，也就是说中国可以通过劳动获得世界的资源为自己所享用，这是工业化国家的最主要特征，这才是引发西方世界不安的主因。而且我们的政治是独立的，军事上也在变强，这是真正的强大。

随着中国追赶速度的明显加快，西方世界开始明白过来，中国存在着某些确定的优势。特别是中国的政治体制在指导和管理国家发展的重大问题上都表现出高效和务实。这些现实逼迫西方学者承认"中国目前形成了一种正与西方民主制度竞争的发展模式"。

中共十八大之后中央领导已经明示我们在根本性问题上不

能犯颠覆性错误，这就给我们指明了道路，明确了我们要走的是追赶之路。我们认为理论自信也不是很难，中国共产党近百年的历史摆在那里，那是一个巨大的宝库，需要我们老老实实学习和挖掘。我们的制度自信是刚性的，要知道没有好的制度中国怎么可能逆转和复兴呢。

很多人会惊讶我们不赞成对中国社会全民逐利的批评。很多站在道德高地批评当下的人们没有注意到一个重要的问题，就是中国社会在毛泽东时代已经组织起来了，其力量之大震撼全球。这种力量，在世界已经进入核武时代之际，通过邓小平同志领导的改革开放逐渐释放出来。因为除此之外并没有更好的选项，唯一的问题是我们的党和我们国家的领导阶层是不是也去逐利了。未来我们不能对大众在商业社会中的逐利观念有更多要求，但是对我们的领导阶层有很高的要求。这也是我们党的第二次革命的大好机遇。我们的问题并不是在全民趋利上，而是应该怎么实现利益与发展的最佳结合。

多种社会形态可能是并行的

我们长期以来接受的是把资本主义定义为人类社会必然的发展阶段，接受这样的观点导致了理论上的重大混乱。事实上资本主义只是一种运动，这个世界上只有少数几个国家被资本控制和雇佣，其他的国家多是被金融资本所剥夺和奴役，资本主义所谓的先进性是把金融资本和科学与工业革命混为一谈的结果。这种混合导致全世界思想界的整体混沌，这种混沌堪称是金融财团在思想领域和意识形态领域成功洗脑的杰作。

按照西方学者的观点，中国过去是所谓的封建社会，这就把我们钉在政治和社会落后的位置上。可是较一下真就会发现，所谓中国的封建社会和欧洲的封建社会完全不是一回事情。要知道欧洲从封建社会之所以转变为今天的社会制度，是金融资本通过引进市场经济、通过商业竞争来实现政治诉求从而形成的，而中国早在两千多年前就直接用战争终结了封建社会，所以中国的社会形态不是落后于欧美，而是超前很多。那么怎么解释我们的挨打呢？我们的观点是，这是工业社会和农业社会碰撞的结果，是军事失败而不是政治体制的落后。

所谓的资本主义阶段还把市场经济视作新生事物，这只是对欧洲适用，而不适用于中东和中国。真实的历史是市场经济在中国是古已有之，只是没有让资本控制政权而已。我们暂且先脱离奴隶社会、封建社会、资本主义社会这个传统的套路看看世界，就会发现世界上分成三种社会形态，一种是政教合一，一种是集权政权独大，一种是教权大于政权，后者是最弱的，所以才易为金融资本所控制。人类社会说到底就是金权、神权、大众权力和少数人继承权力这几个主要力量夺取政权之争。神权获得政权叫政教合一，金权获得政权叫资本主义，大众团体获得权力叫社会主义，少数人基于血缘从他的上一代得到权力继承叫封建社会。这就是我们认可的历史力学和社会力学。

我们因此提出一种假设，会不会有一种可能，就是这些社会形态之间并没有先后顺序，更不存在先进落后之分，而是可以相互转化。因为我们可以发现支撑政权的是军事、经济、文化等各种力量，这些力量与各民族的生存空间、人口、传统等因素相关。这才能有效解释人类社会的千姿百态，而西方的学者把欧洲走过的路视作人类必然过程，是对非西方民族和国家的漠视，是隐性的西方中心论的体现。

如果这样的设定成立，就意味着被资本奴役欺凌的国家可以通过其他的方式和力量改变政权，例如伊朗就是通过宗教的力量改变国家和社会形态的，有些国家则可能通过军队来夺取政权。这应该是一个动态的过程，而不是什么一成不变的阶段或顺序。而市场经济占据主导的国家一定会带来两极分化，权力斗争也有集中趋势，再加上内忧外患，也会导致某些工业化国家出现崩溃，最终形成人类世界的各个国家和民族此消彼长或周期性的反复。如果我们认可资本主义只是一场人为的运动，是金权与政权的结合，而非特定阶段的经济形态和社会形态，我们就会发现社会主义也是一场运动。

中国特色的社会主义

追逐资本利益的阶层，其财富要想达到控制社会的规模是极其困难的，因为金钱相对于武力其力度是不够直接和强悍的，所以导致金权往往较为弱势，多数情况下有钱人都是采取联合的方式与武力相结合。这不是他们自己不喜欢掌权，也不是不愿意掌权，而是政权是拿流血牺牲来换的，而富人们往往缺少这种勇气。换言之，政治对商人而言成本太高，风险过大，赌性太重，所以古今中外的财富多是通过非直接的手段来影响政权的。虽然世界受到金钱的影响和控制，但在社会生活中，政治、军事等领域则具有相对的独立性。政治、军事获利路线远远较金钱获利路径更短，更直接。人世间除了金权的力量还有其他的与金钱并行的力量。

富有的和有显著才华的人们更容易接受自由主义信仰，金钱至上的阶层也是距离自由主义最近的人们，他们的天敌恰恰是国家政权一类的倾向于服从与秩序的组织和力量。

我们常常称作资产阶级的那个阶层是非常务实的，他们对权力也很有兴趣，但是获得权力的目的依然是获利。这种情况下如果能够直接获利，就不愿意再绕圈子，所以他们更愿意采用与政权合作的形式。政治和商业的规则虽有相通的地方但是差异还是明显的，商人们搞政治并没有绝对的把握，斤斤计较成本导致商人们缺少应有的果敢和魄力。

今天的美国拥有金权的家族，他们的发家史可以上溯到古代的欧洲，多数时间是在欧洲的权力夹缝中顽强生存发展。所以他们是哪里适合生存、适合发展就流向哪里。先从欧洲其他国家涌向英国，然后又跨越大西洋奔向美国。未来他们依然不会厮守在美国而是洒向全球。

西方学者定义的社会进步阶梯，没有考虑世界其他的民族和国家的进步道路，这其中的缘由令人不解。他们要么是没有顾上，要么根本就没有把其他的族群放在心上。他们应该了解这个世界上并不是只有金权和大众权力这两股力量，还有神权与军权或是少数人的强权，这几种力量都有机会获得政权。有学者对社会发展的动力做出了简单的判断，这种立场显然是偏向资产阶级的。有些学者虽然更注重与资产阶级相对应的无产者和工人阶级，但是并没有考虑非工业化的国家和民族的解放之道，故而他们关于社会进步的理论对非西方国家的意义要小得多。

按照西方学者的观点，革命不需要组织，不需要长期奋斗，也不需要战略战术，是一种水到渠成的自发运动，是一种多数人顿悟般的进步。这种假设对最先进的资本主义国家是一种理想主义的指向。问题在于多数的落后国家按这个模式就没有任何进步的可能性。

西方的理论体系搬到东方，就会水土不服，按照这种理论的设定，社会主义运动不可能发生在落后的民族与国家里，即便是革命胜利夺取政权之后还要再补齐资本主义这一课，这就是引发我们理论混乱的原因。实际上，列宁早在1917年所写的《四月提纲》中就坚决反对社会主义只能从发达的资本主义国家带到俄国的观点。列宁进一步指出："经济不发达的社会主义国家，也能首先取得社会主义革命胜利。"

按照西方的所谓的历史规律，就意味着社会主义革命遥遥无期，也根本无从解释中国的巨大进步。对西方学者而言，期待着最发达的欧洲和美国发生社会主义革命，才会更符合这类的理论。其实只要把资本主义和工业革命分离开来，明确资本主义的兴起是伴随工业革命而出现的，但不是一体的；其他的政治形式和政权也可以搞工业化，人类社会进步的关键因素是工业化和科技进步而不是资本主义，能够跨进工业化的门槛就能进步，甚至有可能因为其他的优势从而超越资本主义。这样才能从理论上解释世界，特别是解释东方中国的复兴历程。

更大的问题是按照西方学者的理论把中国两千多年的历史生搬硬套成封建社会，就这样轻飘飘的一句话，把中国定义成了一个远远落后于西方世界的地方。认可自己是落后的，起到的作用有两个，一个是决绝地奋起，粉碎后重建，先破后立，是绝望后的革命，是置于死地而后生，这是积极的一面。但也不可避免会产生消极的作用，这会使得很多人看不到前途和光明，变成了失望和逃避，变成了约束和束缚我们更快进步的精神困扰。

所谓封建社会就是"封国土，建诸侯"，就是诸侯林立的社会。中国西周时期就已经是标准的封建社会了。东周五百年乱世之中，中国人在诸侯林立和大一统之间，用无数次战争当选票，选择了中央集权。秦始皇统一六国后，废封建、置郡县，统一货币、度量衡、交通、文字等，中国主体就不再是封建社会了。后世虽然保留了爵位称号，但是只具有象征意义，整个国家是由官僚体系来治理，而不是诸侯、封王。

这是我们中国人比世界任何国家和民族早熟的标志，这是我们中华民族政治智慧的真正体现。

人类的最高智慧就是组织起来，这是人类战胜其他动物从而占据生命链条高端的关键因素。

人类社会的组织力比我们意识到的更重要。当年成吉思汗以军事化组织整合蒙古民族形成强大的合力，向外扩张遇到的最大阻力就是中原的汉族政权。汉族的社会虽然没有实行军事化组织，但是有较为强大的中央集权，而世界其他国家多是小国和诸侯国，所以蒙古铁骑横扫欧亚大陆并没有遇到太大的抵抗力。对比几百年后美洲的印第安人由于是部落组织，所以连零零散散的拿着火枪的小股白人殖民者都无法抵抗。

欧洲列强面对中国这样的农业国并没有征服的能力，根源就是在武器存在代差的情况下中国依然有较强的组织力量。所以中国的这个政治体制和社会结构是无数次中国被分裂之后依然能够复兴的主因，这就是组织力的最佳体现。

欧洲人被金钱推动着实现和完成了废除封建的变革。但是这一过程过于漫长了。直到二战结束后，欧洲各国才开始试图统一。这几十年美国与欧洲的关系像极了秦国与六国之争。欧洲人到今天也只是达到了苏秦联合六国的初级阶段，所以无法表现出真正的合力，没有力量的欧洲依然要仰仗美国的势力。

而美国并没有统一欧洲的力量，于是欧美貌合神离，抱团对外表现出一种合力，但是内部一直存在利益的争夺和争斗。欧美最终将发现这个世界不是仅有欧美人的世界，而是有其他的很多国家组成的世界，特别是还有一个与他们完全不一样的中国。

中国社会在一个相当长的历史时期早已不是封建社会，我们中国人早就进入到了集权社会了，这一点上我们领先于世界数千年。我们的落后只是在工业革命和科学两个领域，这使得我们在武器层面上大大落后了，军事上的落后导致挨打，挨打导致受伤，受伤导致衰弱，成为恶性循环。但是我们中国靠着有效的组织力，获得了再生的机会，就可以补上工业化和科学的课程，就可以复兴，这样的理念才能解释复兴的中国和今后世界的走向。

西方的有产者喜欢的是自由主义历史观，西方的无产者倾向于某种历史阶段论。不管是不是有钱人，欧洲人都是站在欧洲特定的社会与民族的立场。我们中国是在学习先进的思想、文化、制度等人文学科，人文学科在全世界都是和个人的立场相关的一种学问，甚至和个人身处的生存环境有关，这种东西我们拿来时也需要客观地选择适当的部分，而不是全部拿来，完全照搬。

摆脱资本主义的语境

我们必须注意一点，就是西方学者即便在批评资本主义的时候也认定资本主义是一种相对于封建时代的革命性进步。这本身没有什么错。错在他们认定其他落后地区都是封建社会，而无视这种落后只是工业化进程的落伍而非社会形态上的落后。我们如果接受西方的观点，就会掉入一个陷阱，那就是西方资本主义世界在各个方面比其他的民族和国家都先进。

其他民族由于没有进入资本主义社会，那就是落后的，所以遭受的奴役掠夺和屠杀就变成了"历史规律"。由于没有先进的生产力做支撑，一切努力就变得没有意义了，不是吗？这种理论导致我们误以为"爱国主义"、"民族主义"等理念不是先进的而是落后的东西。

西方学者所表述的社会更接近于社会达尔文主义，更能体现弱肉强食的合理性，而家庭、宗教、道德、感情、神圣感，反而成了阻碍历史前进的绊脚石。我们中国的统治者对自己和对大众往往是两个价值系统，就是常说的内法外儒。到了资本主义这里就变成了对别人是自由主义，对自己是垄断集中。

在文明的进步上，西方人的理论显然对落后民族没有帮助。蒙古人的弓箭可以穿透世界上所有民族的盔甲，但是蒙古人先进么？没有人会这样说。但是为什么欧洲人的火炮击穿世界所有的国家边防就变成了先进呢？所以有人说，从某种意义上来说，西方学人集体地陷在金融资本设置的语境之中，我们真的不能再从西方的语境之中寻找中国人的解放之路了。

有人质疑西方学者到底在为谁服务？他们的理论到底是哪些人群的指针？他们最终的目标是什么？他们在历史上到底起到了什么样的作用？为什么他们的理论的最终受益者有可能是他们批判的那群人？问题的根源就在于所有的西方学者的理论都是把资本主义视作一种文明的进步。

不把资本主义与工业革命分割开来，我们的思想就无法解放，西方学者最主要的问题都是将工业革命与资本主义混为一谈，尤其是把工业革命的荣誉赋予给资产阶级。虽然他们试图推导出人类未来的路径，但是最终结果变成了假设，这一推导却得出拥有资本的阶层代表了人类历史的先进性。最终很容易推导出西方中心论这样对其他民族完全不利的结论来。

自由的市场经济不是必然会产生工业革命的，资本主义运动也不是必然产生工业革命，这才是问题的关键。工业革命是各种合力共同作用的结果，而不是当今理论解释的那样是一种自然的进步进程，资本主义运动最主要的因素是追逐财富的扩张性，是一种金钱主导的游戏。

而且西方所有的理论都是只是关注欧洲一隅从而得出的结论。今天我们很多人视作金科玉律的东西，其实是少数人主要是掌握金权的豪富之人为了统治全球、影响大众信仰的表述。这些东西不是科学定律。

其实人类世界的矛盾往往主要是民族矛盾，或者说在多数情况下表现为民族矛盾，至少不能再认为阶级矛盾是唯一矛盾。人类社会走到今天，不要说人文学科具有立场性，就是科学也不再具有普世性。时至今日，科学技术也已经逐渐远离大众变成民族国家一级精英阶层占据人类社会获利阶层的基本手段。

当今世界，个体可能通过偶然的机遇改变命运，但是群体只能依靠本民族的力量。对绝大多数人而言，民族属性是个人生活方式的最主要的决定因素。

我们需要修正我们的一些基本观念，要抛弃西方中心论的观点。在新的理论框架下，我们会发现，世界各国的政治核心是看什么力量占据政权，其并无先进落后之分。

因为按照西方的理论是无从解释中国的社会历程的。中国在漫长的近两千年的历史上，都一直是在市场经济下运行着的，我们的人口、经济和科技都曾遥遥领先于世界，一部分人也曾拥有巨额资本，然而中国并没有自发生成科学和工业革命。

所谓的市场经济能够自动地促进科技进步，固然能解释中国古代科技长期领先这一现象，但是怎么解释工业革命发端于历史上科学技术落后于中国的英国，而不是更为先进的中国呢？

人们常说社会需求更重要，更能推动科技的进步。但是同样不能解释这个问题，因为中国的市场远远大于英国的市场。

对这一问题目前的各种解释多多少少都有问题，例如有人注重东西方思维差异，有人注重东西方科学和数学上的差异，有人注重技术与科学的相互影响。

这里我们或许可以提出这样一个论点：科技进步与工业革命可能是人类发展历程中的突变，和生命进化中各种生命的演变类似。世界各民族的演变和进步也是类似生命由各种基因遗传进化以及突变完成的，欧洲在得到东方的科技之后，在各种力量尤其是对外扩张力量的指引下，由于少数人的特殊贡献而带给了人类革命性的进步。

世界各个民族由于各种条件的差异导致以不同的模式演进，所以也不存在由低到高的若干历史阶段。

从生物的演化中我们可以看到，相同的物种也会差异巨大。例如有的蛇向大的方向进化成为蟒，有的蛇则通过进化长出毒牙。虽然无毒蛇在多数情况下无法和毒蛇抗争，但我们不能因此得出毒蛇更先进这样的结论，因为身体内产生致命毒素是一种特殊的变异。

西方超越中国是由于工业革命，这个革命性进步导致落后的西方赶上并超过中国，而不是制度上、文化上的先进性。

我们承认西方的进步巨大，但是我们更需要知道其进步的真正原因。西方的进步伴随着改天换地的工业革命，是一种财富总量上的剧增。这本来是工业革命带给全人类的好处，但是却被误认为是金融资本的贡献，这种混淆让很多人误以为人类必须走资本主义道路。除去工业革命的贡献，我们会发现西方的富有首要的依靠依然是军事强盛和掠夺，这和以往的历史完全一致，这一点才是我们需要明了的。西方人可以说他们的制度和文化先进，是因为他们需要这样的理论，而落后的民族和国家在追赶的时候就不应该再接受这样的理论。特别是我们在没有明确我们的优势是什么，没有正确理论的指引之下，我们就不会走得更远。

所以我们试着从经济、政治、文化、军事四个方面做一些探讨，以唤起我们学人的反思。

第三章　经济的发展

新中国之前

到 1840 年的时候，大清帝国依然是当时世界上最大的贸易国，但早已不是经济实力最强大的国家了。因为同期的大英帝国通过工业化和掠夺世界，经济规模已经远远超过大清帝国了。更重要的是，两国的产业结构完全不同。当时大清只是一个以手工业和农业为主的国家，而英国已经是以重工业为主的近代工业化国家了。在工业规模上，两个国家已经完全不在一个数量级，而且英国的财富集中度、财政收入都比大清帝国高许多。英国人的富有是最早进入工业化以及掠夺全世界的结果。

资料表明，中英两国的产业结构在 1840 年的时候是完全不同的，所以仅仅做 GDP 比较是没有意义的。这是因为 GDP 只有在相同的产业结构下才有可比性。

大清帝国采取永不加赋和摊丁入亩的政策来保证贵族的永久统治，这对缓解国内矛盾是极其重要的。这也是一种非常有效的政策，但这个政策也导致了清朝政府的财力非常有限。和西方通商，朝廷获益并不大，利益多为买办获得。简单说就是财富分散在了民间，而民间财富对国防的帮助微乎其微。结果就是大清帝国的国防力量在大英帝国的火炮面前不堪一击。

1840 年，大英帝国的年度财政收入接近 2.7 亿两白银，而当时大清帝国的财政收入仅有 4500 万两白银。其时英国年度军费预算已经与大清的年度财政收入相当了。当时英国海军的规模和实力是世界其他列强的总和，所以英国殖民全球所依赖的正是其雄厚的建立在重工业经济基础之上的国家财力和军力。1840 年的鸦片战争只是大英帝国所伸出的试探性的一爪，中英之间当时的情势类似于中国经典故事《黔之驴》中的老虎和驴子的关系。鸦片战争不光是中国被英国人抓下一块肉来，即割让香港，更为关键的是暴露了中国这个庞然大物外强中干的本来面目，导致西方列强像秃鹫一样蜂拥而上攫食中国。

鸦片战争时期，英国的工业化水平已经遥遥领先于世界，当时英国本土的煤炭年产量已达到千万吨规模，其生铁年产量已达百万吨规模，钢年产量达到十万吨规模，而中国那时基本上没有重工业。

　　一个在致力于造枪造炮，一个在讲究穿衣吃饭，这两种产业结构几乎没有可比性。确切地说，英国开始工业化的那一刻，我们就落后了。也就是说鸦片战争的时候，清朝的 GDP 虽然比英国多，但近代重工业几乎是零。即便是洋务运动之后，和列强相比，中国的重工业仍然可以忽略不计。

　　到了甲午战争的时候，中国的 GDP 虽然高于日本，但工业已经远远落后于日本了。当时的钢铁产量、铁路里程、发电量等指标，即便是比较总量，日本也均高于中国。也就是说，1840年前，清朝贵族不知道西方已经开始了工业革命，1840 年挨打之后，也没有下大力气发展重工业，所以历次战争失败的真正原因在此，最终导致甲午之战大败，彻底动摇了国本，从而导致大清帝国的灭亡。

　　而到了北洋军阀和蒋介石执政的时候，中国依然没有建立真正的重工业。1936 年是蒋介石集团的经济巅峰。但是蒋介石在所谓的"黄金十年"中基本上没有发展重工业，中国各界主要是搞了见效快的轻工业。

　　没有重工业就没有钢铁、军工，没有军工就没有武器，没有武器就没有国防，没有国防就导致日寇觊觎，积弱的国防最终导致日寇全面侵华，这就是历史展现给我们的逻辑。中国人抗日所需要的枪炮，要么从其他列强那里借钱买，要么赤手空拳去夺去抢。我们的后代应该牢记共产党人的枪基本上是抢夺来的，在 1949 年开国大典上，我们的军队就是拿着"万国牌"

武器走过天安门接受检阅的。

　　所以解放前中国经济领域一个关键的问题是没有重工业，中国人又没有被有效地组织起来，一盘散沙加上两手空空，导致挨打，这就是解放前的中国不可能建设强大国家的关键。因此谈论经济只谈 GDP 是没有意义的，一个国家有没有完整、有效的工业体系才是最重要的。这就是为什么新中国再苦再难也要实现工业化的原因，这是我们领袖们高明所在，这也是我们先辈的最大贡献。

新中国前三十年

　　抗美援朝的时候，我们的军队也是拿着"万国牌"武器去抗击联合国军的。苏联人在中国出兵并且取得一系列胜利之后才开始援助中国武器。所以我们必须记住，我们的志愿军战士是用血肉之躯来抵抗美国的飞机大炮的。

　　1840 年之后中国没有国防，这导致任何像样的建设几乎都没有可能，期间的个别机会最高统治者也没有抓住，由此中国社会进入恶性循环。近代中国需要工业化尤其是需要重工业，这一点其实是所有领袖都明白的，但就是做不到。新中国成立后，周边环境依然不稳定。我们需要知道的是，由于抗美援朝的胜利，我们才获得了和平，才获得了建设国家的时间，才有可能开始工业化建设。

所以我们不能接受任何指责新中国前三十年经济建设成就的观点。很多人以人民生活那么贫困来否定我们先人们的经济成就是错误的，事实是我们在新中国成立后第一个三十年里取得了巨大的经济成就。所有指责前三十年经济建设的人都是肚皮经济学者，而不是国民经济学家，因为国民经济学家必然会考虑整体和长远发展。

经济发展的基本动力在于积累，积累就是攒本钱。消费要想成为动力，需要生产能力过剩这一先决条件，所以贫困状态下依然重视消费是谈不上正确的。而增加积累是一件艰难的事情，不是想做就能做到的。事实上清朝皇帝和蒋介石都做不到。增加积累的过程有时候甚至是强制和残酷的，这个世界没有一个国家是优哉游哉地进入工业化的。中国在落后的情况下，能保住自己不挨打就已经是巨大的胜利，只能靠着自力更生、艰苦奋斗来攒家当，这就是新中国前三十年吃苦的真相。

新中国一开始之所以压低全民的消费是因为要积累，是为了攒家当，这是需要中国各个阶层都作出牺牲的。而把几乎不可能的事情变成现实的关键，是中共领导阶层自觉地牺牲了自己的利益，才能引领全国人民没有怨言跟着干。这是人类历史上最伟大的牺牲，是不可思议的，也是空前绝后的。全中国人省吃俭用攒下的钱全部用于投资新增项目，如基础设施和工厂。我们的先辈们在"吃饭"与"建设"之间艰难权衡，最终他们选择了建设，一代人吃了两代人的苦，这才为后人攒下家当。

经过近三十年的努力，中国农业产值占国民生产总值的比重从 1950 年的 80% 下降到不足 30%。这个数字表明，改革开放之前的中国已经从农业国转变成了工业国。父辈的汗水变成了大量的基础设施，包括交通、能源和农田水利设施等，其中水利甚至保障了我们几十年的安稳日子，"两弹一星"更是中国的守护神。

我们是坚持以重工业为基础的发展模式，这种模式的效用缓慢但是持久。虽然在一个相当长的时间段里，我们的发展速度比不过日本这类的出口替代型国家，甚至连"亚洲四小龙"的发展速度都比我们快。但是我们可以想一下，这些国家和地区是没有农业和国防这种基础的，诸多方面他们要依赖于别国，他们难以依靠自身保护经济成果，他们的未来缺乏后劲。

高积累是大家都懂但是很难做到的事情，这需要的是中央集权和自觉的牺牲。只有中央集权才能实施计划经济，只有集中力量办大事和各阶层都作出牺牲才能产生中国这样的起死回生般的转变。这个奇迹靠的是先辈的血汗和付出。

现在有人用日本在 1960—1976 年经济数据超过中国来证明中国不如日本，数据只能说明中国和日本走了不同的路。

日本由于有二战前的工业化底子，在美国那里得到了他们的一部分中低端产业，而且是较快见效的产业，使得日本在一段时期里高速发展。很多人认为日本模式世界最好，而中国没有工业化的底子却走上彻底工业化和独立自主的道路，所以中国搞的东西不会快速见效。例如中国集全国之力量搞出的两弹一星，至今护佑着中国，这些东西不能吃不能用，不见效，但是你能说没有意义？

苏联解体之后，被美国人趁机用金融手段洗劫了一把，但俄罗斯再弱，也没有任何国家敢明火执仗去抢劫它。为什么不敢呢？就是害怕俄国人手里的武器！这就是重工业和军事工业的用途和利益所在。有人说毛泽东不懂经济，历史会清晰地回答这个质疑。

资本主义选择"自由"的市场经济是在落后的贵族政治压迫之下的选择。资本主义的初始阶段，没有哪个私人资本有能力控制全社会的经济，只能通过这种自由市场弱肉强食，大鱼吃小鱼，来完成原始积累。当某些胜出者拥有了一定的资本优势后，开始谋求行业的独大，企图垄断一个行业。垄断这一行业的目的恰恰是要对这一行业实行计划，提高效率，获取更大的资本利益和资本实力。金融资本最理想的规划是争取到国家层面来实行资本的垄断，从而实现对整个国家的经济实施有计划的管理。只是经历了几百年的市场自由竞争之后，计划经济这个梦想在西方依然没有实现。

中国共产党建立政权之后，目标是非常明确的，那就是全面的工业化。政权的高度集中使得中共能集全国之力优先完成最重要的项目。中国人用生命和鲜血赢得抗美援朝战争的胜利，从而获得苏联支持，得到了重工业的底子。随后第一代领导人又着重进行"两弹一星"的研制，从而获得了国防保障。而和美国握手后的第一件事就是与其进行化肥工业和军事合作。由此可见什么是重点，我们的领袖们一清二楚。

新中国前三十年最辉煌的成就是全民勒紧腰带，攒下了工业化的基础。由于有了农业、重工业和国防的支撑，所以才能在随后的改革开放中发展轻工业，随之成为世界工厂。中国共产党的领袖们以政治家、军事家的高屋建瓴来搞经济建设，正可谓"治大国若烹小鲜"。

中国要赶上西方发达国家，在发展思路上就必须要采取跃进方式。经济运作模式要跳过原始资本积累阶段，跨过资本集中过程的低层次阶段，靠的是国家组织下的计划经济。发展、实行计划经济，使得新中国的工业、农业、科技、国防都实现了大资本运作。中央全面统筹，长远规划，每五年制定一个发展计划，随之全面落实和实施，这是何等的效率？这种效率让西方的金融资本家们羡慕嫉妒恨，是他们梦寐以求但达不到的境界。

金融资本终归要受制于众多其他资本私利的制约，著名的洛克菲勒石油集团被其他资本联手拆散就是证明。在国家层面，他们的国策也是深受各个财团个体利益的掣肘。美国人在肯尼迪时代曾经试图集中全国之力搞科研和经济，也取得了重大成果，但是到了里根时代又开始搞自由主义。今天，美国人又开始试图加强国家权力。

中美博弈

1979 年，中美才正式建交。随后的蜜月期很短，因为随着苏联快速疲软，中国对美国的重要性大幅降低。苏联解体后，美国一些势力迫不及待地在中国制造混乱，试图削弱中国共产党的领导，并且坚持从政治和经济上孤立中国。

而中国为了打破僵局，进一步实行开放，开始积极寻求加入世贸组织。这一举动颇有吸引力，因为巨大的人口和市场使中国成为欧美跨国公司的理想投资市场。于是就形成了当今中国和美国经济"你中有我、我中有你"之势，这一博弈的胜负在今天还没有见分晓。

改革开放给了美国某些势力再一次颠覆中国的幻想。但是他们却始终高兴不起来，因为在中国始终有一个中国共产党。这个党的宗旨、目标都不是金钱。这个党掌握着军队，领导着政府，美国某些势力可以收买个别人，但不可能收买整个党，所以也不可能控制中国。在中国政权大于金权，这让他们无从下手。

随着苏联的解体，美国人也希望中国走向"自由"经济之路，力促中国政府推行一蹴而就的经济改革，即实施著名的"休克疗法"，由于中国人不理会而只得作罢。美国又决定先把中国人引到自家的规则圈里再说，于是有条件地允许中国加入世贸组织。

二十世纪九十年代的中国事实上处于类似给西方打工的角色。在美国规划的金字塔式国际结构中，中国居于第三等，既对美国没有威胁，同时又不是没有用处，于是中美经济捆绑在了一起。

中美这次较量是人类历史上最诡异的博弈。美国人想的是将中国引入到美国制定的游戏规则中来，一边做生意一边扶持买办进行渗透，从而以较为和平的方式，用较小的代价达到控制中国经济、实现资本在中国予取予求的目标。而中国的打算应该是和世界通商能加快我们的经济建设步伐，于是中美经济拥抱在了一起。

中国人表现出的合作意向，导致美国人不能拒绝，中国巨量的人口和巨大的市场曾经激发出美国商人无限的梦想。欧美政客无法阻止中国入世，因为他们不敢挡住金主们的财路，但是依然咬住中国的政治制度不松口，拒绝承认中国的完全市场经济地位。

中国入世之后，按照美国人的设想，是把中国变成世界生产基地和商品倾销市场，目的是利用中国的廉价劳动力降低从汽车到手机等欧美商品的生产成本。中国也认可这样的设计。两大国各怀心思走到了一起。

中国人经过了一段艰难的适应期之后，便以惊人的速度赶了上来，二十年的时间让世界瞠目结舌，经济发展可谓天翻地覆。原本金融资本设定的是中国应该出口原材料，结果却是中国在全世界采购原材料。原本他们设定的是中国的市场上会铺满西方的产品，结果是中国的商品铺满了全世界。

这时候美国人还发现中国的触角已经伸到欧美视作禁脔的地区和领域，原本只被视为沃尔玛等美国跨国公司廉价劳动力来源的中国，在世界眼中似乎变成了一个吞噬巨量原油、铁矿砂、铜等原材料的怪兽，美国人意识到中国的未来无可估量。

有人形容说世界经济发展有两个火车头，美国是在前面拉，中国是在后面推，现在是推的速度大于拉的速度，所以中间的国家受到挤压就会变得很不舒服。美国人的速度慢下来，美国也会受到挤压，所以美国也变得不舒服了。

我们更愿意相信这样的结果是在中国领导人的预料之中的，因为这种智慧的关键是认清社会财富与个人财富的区别。对犹太人而言黄金和钻石是财富，但对中共而言完整的工业化才是财富。这种智慧早在两千六百多年前中国思想家管仲的头脑中就有。欧美财富控制在个人手中，而个人是追求利润最大化的，这使得我们和西方人做买卖的时候不至于产生颠覆性失误。全世界人都忘了，中国人才是市场经济的老手，中央集权和市场经济并存已经有两千多年的历史。中国人也是最务实的，中国人的勤劳和忍耐的品质里，潜藏着改变世界的力量。

目前中国经济与美国经济已形成了捆绑之势。人民币和美元挂钩，类似于拳击台上处于弱势一方的一种拥抱战术。中国和美国很多领域已经处于同一阵营了，这使得美国打压中国的时候总是有所忌惮。

人类的财富要么靠抢，要么靠生产、贸易，都是一点点积攒起来的。欧洲人发现新大陆，是靠着冒死的勇敢，开拓美洲是靠着杀人。我们中国没有向外扩张这样的机会和作为，而且在近代被人打败了，想翻身只有自苦一条路，这条路现在已经证明是可以走通的。我们的先辈很对得起我们，留给我们九百六十万平方公里的庞大国土和强大的组织力，我们需要接过这个担子，为我们的后辈积累更多的财富和希望，在中美博弈中胜出。

如何看待这三十多年

中国理论界面临的一个重要的问题就是如何看待利益驱动和利益分配。

其中关键是党和政府将利益集中到自己手里面，干什么了？如果被一部分人私分，那就是不可接受的；如果是集中全国之力做个体企业不能实施的建设，那就是正确之举。

这一点在毛泽东时代是没有疑问的，第一代领袖们做到的比老百姓期望的还要多。但是三十多年来市场经济的环境中，大众没有办法搞清楚这利益到底是怎么分配的，于是倾向于大众公平受益的声音就占据了道义的制高点，往往会引发共鸣。

关于积累还是分配的问题，新中国最著名的案例是勒紧裤腰带也要上"两弹一星"。当年在要不要上这些项目的问题上是存在着完全不同的两种意见的，好在我们的领袖们宁可自苦也要上马。最终两弹一星为我们撑起了一片天，今天我们都同意当年的决策是英明之举。如果连这一点都要否认，那只能是立场问题了。

很多人把当下官员个人的贪腐与共产党的利益问题混为一谈，质疑中共的领导否定改革，这是不正确的。我们提请所有的批评者注意我们民族最终的目标，要知道，中国如果没有外敌，那么大众的眼前利益就是最高的，如果强敌环伺，那么长期的胜利就是最重要的，为了最终胜利牺牲当下的利益，就无可指责。

很多人对追逐利益深恶痛绝，这不免失之偏颇了，事实上追求物质利益是人类世界的主要诉求之一，对每个人而言都是不可或缺的部分。只追求精神享受而不在意或者愿意牺牲物质享受，这是一种高尚的情怀，在多数情况下是属于小众范畴的。支撑我们中国人创业的胆气恰恰源自我们民族的英雄们，构成我们逐利的底气也是源自我们先辈们的英勇牺牲。中国人可能会接受金钱的诱惑和驱使，但是整个民族是不会跪下的，最终我们会发现趋利也是一种巨大的力量，这个力量应用的好也是能改造世界的。

当下有人指责我们出卖资源、超负荷工作、吃亏上当，这种观点看似有理，其实还是没有真正搞明白事理。出卖资源是因为我们没有本钱，超强度的工作是为了摆脱贫困，吃亏上当也是学会与世界特别是与欧美打交道所必需的代价。我们致力于产业经济的发展，这如果导致西方世界的去工业化，那么一切付出都是极具价值的。

我们知道，全球化的规则是欧美设定的，加不加入全球一体化，适应规则是我们自己决定的。选择加入就需要付出代价。我们没有任何资本只有出卖劳动力，还有就是资源。出卖资源如同卖血，没有人会不知道这是不应该的，但是为什么还要卖血呢？就是为了资本积累。俄罗斯直到今天还是在卖资源，你以为它愿意啊。全世界工业化道路完全有可能是排他性游戏，赢者为王，属于不想玩也得玩的游戏！

我们用了短短六十多年的时间，就走完了西方国家几百年才走完的路程，显示了中国有着西方世界所没有的特殊的优势。西方金融资本有着天生的缺陷，就是它没有直接掌握政治权力，它只能凭借与政权合作一起分利。私企效率极高，但是整个社会效率低下，这是很多歌颂自由经济的人罔顾的事实。而国家之间的竞争主要是体现在整体竞争上，这就是中国能够胜出的关键所在。

我们常常能看到一些对未来较为悲观的观点，我们对此毫不讳言。当我们试图证明未来是光明的时候，并不代表我们报喜不报忧。

有人对国家统计局的报喜数据表示怀疑，这是对统计学的误解。事实上，统计数据只能反映出一个大概的轮廓，在宏观意义上已经考虑到了多数人能够意识到的问题，最终加权得出有参考意义的情报。

世界上没有只赚不赔的生意，任何改革都是需要付出代价的。我们的党在转化角色的过程中，应该如何处理好领头人和管理者的角色变化，这是不能回避的问题。

在经济领域我们存在很多问题，最显著的例子是，我们在大宗商品的定价权上处于被动位置，这是不可思议的失误。我们的优势本来是集中，结果一窝蜂各顾各，导致中国商业利益受到严重损害，这是沉重的教训。

我们需要学习的地方太多，论做买卖我们和西方的差距还是很大的。为了不吃大亏，我们实际上将自己和美国人进行了捆绑，最终的结果是形成了危险的平衡。我们韬光养晦是为了不被视为敌人，但是有那么一个阶段，军人们也加入赚钱的行列，军工科研一些重要的项目出现了停滞，我们为此付出的代价是很大的，差一点自毁长城。

当下最多的指责是说中国人精神价值观丧失和道德水准低

下，我们依然不能认同。这种指责背后的心态其实是将崇高视作正常，伟大视作平常的缘故。没错，我们在一无所有的时候是靠着不怕牺牲的强大精神力量战胜敌人的，我们在积重难返的状态下是靠着无私奉献来渡过难关的，正是有了这种精神和牺牲才实现了不可思议的逆转。但是前人的牺牲是为了让后人过上好日子，人民安居乐业就是先烈们的理想所在。和平对过去的中国人而言是个奢侈的东西，到今天已经成了发展的基本保障。中国今日正在全面实现工业化，正在壮大，发展的前景是光明的，未来全体人民也可以享受到现代文明的成果，这些进步是需要肯定的。

西方领先于中国的并不是什么道德和精神，而只是科技和工业。中国的国本是众多的工业化人口，是广大的国土，是有效的组织，是军备国防，是西方人有什么中国也会有什么的能力。我们在实体经济的大多数领域已经走在世界前列，这些都是实打实的存在，所以我们无需悲观，不是么？

未来的几十年

在经历了三十多年的韬光养晦之后，中国的很多人都已经习惯了"跟庄"，往往会觉得出头不好，所以我们有必要把当第一的好处讲出来。要知道第一可不是虚名，而是有实实在在的好处。

中科院发布的《国家健康报告》称，2011 年，美国从全球攫取的霸权红利达 7 万亿美元，占全球总量的 96.8%，中国损失的霸权红利高达 3.6634 万亿美元，占全球霸权红利损失的 47.9%。

在人类历史上，通常第一大经济体、第一大工业国、第一大贸易国的货币会成为世界主要的贸易结算和储备货币。中国在人类历史上的大部分时间里都是世界头号经济体和产品出口国（虽然只是手工业），所以当中国使用白银作为货币的时候，白银就一直是世界主要的贸易结算货币。在大航海时代，欧洲人从殖民地掠夺来的贵金属中有三分之一都流向了中国，他们是拿白银来换取中国的瓷器、丝绸、茶叶、药材等产品。后来英国人没钱了，就想出大规模贩卖鸦片的招数，中国政府予以反击，在虎门销烟，断绝了英法贸易的财路就引发了战争，英法用大炮打败了中国，把钱又抢了回去，这就是近代史的真相。

未来可以预计，中国只要不内乱、不分裂、不战败，人民币的地位会逐渐提高，我们每一个中国人都能享受到实实在在的利益。

任重道远

其实在一些产业上中国已经是世界第一，中国消耗了全球铁矿、煤炭、石灰石、铝、铜等主要原料的一半，石油、天然气的四分之一，这是真正的财富标志。中国的 GDP 在最低的时候只是美国两百分之一，目前已经是美国的一半左右，这样的数据最能说明我们追赶的速度有多快。中国正在稳步地前进，这是多数人都承认的事实，不过我们依然任重道远。

美国成为世界霸主经历了上百年的努力，美国 GDP 超过日不落的英帝国之后，依然经过了两次世界大战和冷战才真正成为经济霸主。中国现在 GDP 刚刚达到世界第二，要赶上和超过美国还要很多年，中国要崛起还需走很长的路。

今天中国的重工业几乎占全球的一半，这就是我们的立国之本，也是中国国力的真正体现。由于我们的重工业比重最大，所以我们国家的能耗自然最大，于是便有"全球变暖"论。迄今为止，全球气候已有十多年未呈现变暖趋势了，但媒体的控制者却对公众隐瞒了这一信息，我们不能接受这类观点，我们不能容许任何人阻断我们的前进脚步。

城镇化

未来十年中国政府的主要工作之一似乎是推行城镇化。我们经常看到有人指责中国的工业化，批评城镇化。为此我们需要强调，城镇化是个中性的概念，它只是一种较长时间里的趋势而已。

但是城镇化绝对不能人为地加速，不要惦记着试图通过推行城镇化大捞一笔，这种只顾自己个人获利的想法是绝对错误和短视的。中国的城镇化是一个缓慢的、长期的、自然的过程，国家的任务是加强规划和管理，让城镇化变成一个水到渠成的过程。

城镇化就是政府出面帮助农民走向集中，实现规模效益，这样就会产生需求，我们的工业品就会有市场，农民就能更多地享受到工业化的好处。当然城镇化进程切不可以揠苗助长。

西方殖民者在几百年的发展过程中主要是靠直接掠夺获得原始的资本，但是也有特殊的不同以往历史的因素，那就是他们同时还实现了工业化。科学技术的进步使得人类从地球上获取资源的能力大大增加，全社会总的财富在这几百年里是大大增加了，这是与蒙古铁骑当年掠夺世界不一样的地方。西方通过工业化获得巨量的财富，人类财富总量增加巨大，才支持了欧美国家人民的物质享受。这也是欧美不承认自己的成就来自于掠夺和侵略的主因，他们认为自己给全球带来了科技进步，这个过程是人类财富总量剧增的过程。

中国人在完成工业化的过程中，也为全世界带来了巨大的财富，这种贡献是有目共睹的。随着中国工业化的发展，过去那种一味依靠欧美市场的发展模式，会引发我们与欧美之间很大的冲突，这种情况下我们自己的市场就成了最重要的富源。所以我们未来的出路是扩大内需。中国还有大量的农民没有进入工业化的范畴，无论从市场开拓还是从国家发展的角度来看，都是应该进行城镇化建设的。

城镇化是一个复杂的事物，需要我们认真对待。农民种地的积极性不高导致很多土地撂荒，这也是实实在在的问题，是需要我们想办法解决的。

城镇化建设在我们积累了工业化的资本之后才有能力和可能。我们认为城镇化建设必须遵循一些基本的原则，其中以不能减少耕地和粮食产量为根本性的原则。农村的耕地是我们的国本，是全中国人的饭碗，谁也不可以把我们十几亿人的口粮给弄没了，要知道农业是我们最重要的拳头。

两个拳头都要硬

我们这些年总能听到唱衰中国的声音，"中国崩溃论"就是一首反复唱了十几年的老歌。事实上中国不但不会崩溃，反而会持续稳健地前进，这是我们可以预期的。

唱衰中国的人往往以西方经济学的定理和资本主义的周期律来预言中国，用这样的周期律来判断中国必然不准确。也有人认为中国政治体制落后，如果不走资本主义道路，必然崩溃。还有一些人是在准备做空中国，为了投机炒作而做出的宣传。

我们未来的问题很多，但是抓住重点我们才能稳步前行，其中的重中之重就是抓好农业和国防。

有人说农业比核武器威力还强大，美国掌控世界的武器，根本不是核武器，而是农产品。这个观点很有道理。美国是世界最大的粮仓，美国的农产品是全球成本最低的，所以美国总统可以向全世界推销廉价的农产品。但要是因此认为美国人会永远低价提供这种产品，那可就是太天真了。美国人的办法很简单实用，那就是先以低价占领世界市场，击垮其他地区的农业生产者，最终垄断世界粮食市场。要是真让美国人做到了这一点，那一天就是真正的美国说了算的时代。

所以我们要牢牢记住，中国人有两个拳头，一个是国防，一个是农业，两手都要硬，这是我们的底线，我国必须确保 18 亿亩耕地红线不动摇。有了这个保障，主动权就在我们手中。这种思路看似保守其实是智慧，中华五千年的智慧告诉我们，在不确定的领域保守一些反而更好。

保守也是一种智慧

当今世界主流经济学主要是货币经济学，而货币经济学并没有太多的科学性。这些年世界经济最诡异的就是中美之间的博弈，到底谁赢谁输目前没有定论。最大的可能是美国本来想像对待拉美、日本以及"亚洲四小龙"那样对待中国，也就是先养后杀，只是由于中国政治军事的底气导致美国人宰杀没有那么容易。但是这个过程中美国人一定是大大获得了金钱利益，否则，以美国政客、商人的行事方式早就和中国翻脸了。有人说目前中美的状态是恐怖平衡，变成了僵持状态。

在经济这个充满不确定性的领域，保守也是正确的做法。最成熟的做法是把最坏的情况提前想清楚，并制定有效的应对方案。

谁也不可能完完全全掌控经济发展的走向。这个世界上，谁也不敢说自己能彻底搞清楚经济运行的规律。永远不会清楚，这一点反而是真理，这类似于物理学中的测不准原理。在这个领域，只能说保守的智慧远高于冒险。我们甚至不能说我们超过了自己的前辈们，他们虽然历尽艰辛，但却用汗水夯实了我们民族进步的基石。我们这几十年来没有出大问题，正是由于先人们打下的基础足够牢固，才保障了我们国家和民族的大厦没有倒塌。

目前世界经济依然存在着很大的问题。我们会发现，尽管国际市场上金价、银价、铜价、铁价，以及石油、粮食价格都在大涨，美国又加印了那么多新钞票，但美国自家市场上却几乎没有发生什么通货膨胀。与此同时，其他国家物价都在大涨，以致有的地方甚至经济濒临破产、政局动荡，而美国却能够风平浪静，这难道不值得我们高度关注吗？

当年中国和美国在入关问题上就在互相博弈，这是美国非常熟悉的领域。美国先放开一部分市场让中国人赚钱，先给点甜头，但是赚到的钱让你花不出去，因为中国真正想要的东西，如高科技产品和技术，美国人不卖给中国人。赚到的钱拿在手里又发挥不了作用，所以中国不得已又把钱借给美国。

这一状况的直接后果之一就是中国发生了严重的通货膨胀，这是当前最不能掉以轻心的大事。当年蒋介石统治集团迅速垮台，除了军事失败的原因，与恶性通货膨胀导致彻底丧失民心有着直接关系。

中国共产党在治理通货膨胀上有着很好的经验和手段，所以面对未来可能继续发展的通胀形势，国家经济结构、经济政策和对策都应当有所调整。现在就应当研究制订必要的应急应变措施，包括管控物价、统购统销等等措施，以保证贫困者的基本生活品供应等应急方案，这些方案都有必要制定出具体预案，以免将来一旦有变时应对不及。我们要居安思危，从最坏处着眼，防患于未然。

中国的对手们处心积虑，他们最可能利用物价、腐败等关系到大众生活水平的问题，把矛头指向中国政治体制，煽动变乱，这是我们必须重视的。

危险主要在金融领域。国际金融资本主要将在汇率价格的博弈，期货、证券市场的金融衍生品价格博弈，以及误导中国的经济政策等三个方面对中国下手。我们面对的是金融资本这种千年老妖，面对的是大摩、高盛、美林等玩金融的顶级高手。而且他们可以灵活处置，我们则船大难掉头。当我们沾沾自喜于国内 GDP 的增长的时候，却往往忽视了中国金融有突然崩溃的危险。

通胀对我们绝非好事。我们如此被动，是因为我们一直在追求 GDP 的快速增长，这就让我们的对手有机可乘。而且通胀使国家难以把资金有计划地投入并加强国家基础工业，难以用于科研创新和加强国防，这都是对我们基础的削弱。

中国的资本项目开放也要绝对慎重。中国的资本项目管制是危机当中的防火墙，这堵墙越厚就越能在危机中保护中国的财富不被掠夺。人民币的国际化要等时机，要回避风险，不要急于求成。现在世界的潮流绝不是贸易自由化，而是保护主义急剧抬头，中国在这个危急的时候自我保护很重要。目前中国最危险的和最脆弱的地方就是金融和货币领域。

货币问题

我们需要重点讨论一下货币问题。

目前中国经济采取和美元挂钩的设计，美国人之所以同意，也是基于经济自信。也许他们没有意识到中国能够长时间地保持一个很高的发展速度，他们总是认为在不久之后的某一天，中国经济发展会慢下来甚至崩溃，这种期盼和对自家经济的自负，也将导致美国人的误判。

中国经济之所以能快速发展，有一个很重要的因素就是中国共产党领导人民在前三十年打下了雄厚的工业基础，我们的第一代领袖们带领人民长时间的艰苦奋斗攒下了家当，有了这个本钱才使得我们在世界范围的市场竞争中没有太受伤。

在金融货币这个领域，我们应该保守而不是激进、自作聪明。我们应该逐步恢复到先辈和祖宗的智慧那里，也就是采取以最重要的生活必需品和关系国民经济重大命脉的基础产品为基准的货币形式。

人类发明了货币，但是货币的作用以及管控机理依然不明晰。货币的发行规则依然是件令人不解的事情，这一点甚至连最著名的经济学家都没有完全搞明白。目前经济学领域大致上有三大派别：一派是自由主义，认为国家不应该干涉经济活动；一派是计划经济，认为国家应该完全控制经济活动；一派是国家有限干涉经济。目前中国和美国都是采取国家有限干涉经济的做法。不同的是，美国脱胎于自由经济，而中国是从计划经济转变而来的。

中国经济超越常规的发展，证明了资本主义经济危机也是少数金主们掠夺世界财富的一种方式。所以我们必须高度警惕西方的金融资本人为地制造动乱，未来金融资本集团最有可能在金融领域洗劫中国。这个领域是我们的短板，我们绝对不可以掉以轻心，要未雨绸缪，防患于未然。

经济学是什么

很多天赋很高的人将注意力放在经济问题上，却没有注意经济学，经济学只是一种基于特定立场的管理行为和决策。即便是这几十年来，很多人试图用数理统计的方法来分析经济活动的规律，依然由于样本数量的限制而无法准确把握未来的趋势，其中时间样本不够长是主因。因为人类社会进入工业化模式的时间太短，这一点点样本不足以支撑经济发展表现出确定的规律性,更何况经济活动主要是人为操纵。

经济这个游戏往往没有什么绝对的规则和规律,甚至可以说不确定才是真正的规律。不同的国家和民族由于生存空间等条件的不同,其发展肯定不能按照一个模式运行。大国和小国不同,大国之间也不尽相同,其间的差异远远大于共同点,所以用某个数学模型来表述经济活动是很有局限的。

美国虽然推崇市场经济,但忍不住总是有集中力量办大事的冲动;而前苏联实行计划经济,虽起到暂时性亢奋的作用,最终却压制了经济活动的主动性。计划经济良好运转所需的较高条件苏联人从来没有达到过,这不是拿着枪指着别人的脑袋就能干好的事情。世界大国都在努力摸索出一条快速发展的道路,各种探索都是处于不可预知的路径中。令世人惊异的是,计划经济对中国的正面作用远远大于前苏联,这是由于中国社会和人民本来就充满活力,中国人搞市场经济几千年,保持着原始的获利冲动。只是近代挨打落伍,失去工业化的机会,形成恶性循环。而补齐了工业化这一基本条件之后的中国,以计划经济的高屋建瓴优势重返世界市场的时候,中国巨大的优势就发挥出来了。未来中国将坚持社会主义市场经济模式,因为这种模式简直是为中国量身打造的。我们完全可以随着经济规模的增大逐渐降低计划经济的比例,但是必须一直保持计划经济的指导地位,这才是中国经济的真正优势。

我们目前是存在很多问题,但这些问题都不是靠取巧能够解决的。我们的道路都是实打实地干出来的，没有工业化就没有中国人的生存空间。中国除了发展重工业之外没有第二条路能走通。没有前三十年的重工业基础，我们连最初给西方打工的资格都没有，更别说什么跨越式发展。中国这样一个大国的全方位的进步，是人类史上从未有过的伟业，过去六十多年的道路证明，这条道路毫无疑问是对的。

北大著名的经济史教授陈岱孙先生认为，真正的经济学是经世济民，而不是西方的货币学。所以在这个最不确定的领域里，我们有这样几个建议：

第一是最好不赌国运，除非迫不得已之时。中国人常说人定胜天，讲究的就是一个定字。无论是国运还是个体的命运，都不能拿来赌博。因为赌博的胜率小于一半，所以久赌是必输的。这个世界上很多国家都赌博输了，美国的历史太短，无法明白这个道理。中国的历史足够长，经历过无数次兴衰，所以知道这一点。对大国而言，不赌反而赢得更多。

第二点是未来中国的经济理论应该跳出西方人设置的语境，多从我们自己的历史中汲取营养和指引。生产要素由人的劳动、土地和资本等构建而成。人类的生产系统起码应该包含生产组织者、生产资料、生产技术、劳动者四个子系统，我们现在要更加注重经济运行的整体设计和进步。

第三点，经济学不是科学。面对一次次的金融危机，没有哪一次西方的经济学家发布过准确的预警信号。经济学家们制造出深奥的理论和数学模型说他们掌握的是科学，然而真正面临全球经济危机这滔天洪水的时候，他们集体地漏了馅儿。

经济学不是科学，是因为科学主要应用在没有时间轴的事物上，而在时间起着决定作用的领域，最高的学问依然是哲学，最高的智慧依然是道德。科学的进步起始于物理、化学，随后一些人试图把科学的方法应用于对人类社会发展的预测上，但是由于生命和社会发展的不可重复性，导致这些领域处在科学的范畴之外。

商业更多是一种赌博，谁也不能保证经营的结果是百分之百盈利的。这一千百年来被历史证明了的事实，导致中国的皇帝们从来不鼓励经商，基于保护后代的出发点，他们也不准许皇子们经商。这种智慧西方人并不具备，他们最大的国王也不过是诸侯级别。在欧洲艰苦的生存环境和剧烈的族群竞争之中，没有哪个小贵族能拒绝商业利益和金钱的诱惑。

而中国人是用了几千年的时间，无数人的鲜血和生命才得出的诸多治理国家的经验和教训。在这个非科学的领域里，中国人的智慧是历史赋予的。中国基因层面的集体主义精神，在通过胼手胝足的辛苦劳作、补齐工业化的短板之后，通过再次引进市场的力量，就形成了强强互补。这就是我们中国经济能持续高速发展的秘密所在，巨大的进步和成绩也让我们坚信走社会主义的市场经济之路是没有错的。

第四章 政治的先进

谁统治着美国

如果我们问，中美两国谁的政治制度先进？一些人会立刻血脉贲张起来，他们会不假思索地回答美国政治体制最先进。这种观点被很多人认同，其实这是美国金融资本控制了世界多数媒体的缘故。

美国人最引以为自豪的是其民主政治体制，这个制度是由普选而产生的议员，包括众议院和参议院的议员，以及全国选举产生的总统来管理国家。但是，美国政治相对于欧洲贵族政治也只是进步了那么一小点。

熟悉美国的人大概都会承认，整个美国就是一家股份非常分散的大公司，政府是经理班子，是为着掌控这家公司的股东、主要是为大股东们的利益服务的。美国国会的议员，类似于美利坚公司的董事会。美国总统就是这个美利坚公司的总经理。每次大选，实际上是代表不同利益集团的大股东在争夺这个公司董事会的话语权，决定这个公司下一个时间段的走向的投票。然而这一切依然只是表象。

对试图研究欧美政治的学者来说，挖掘出隐藏在美国政府背后并且真正控制着美国的势力才是最让人感兴趣的成果。这个领域的最关键问题，就是谁真正统治着美国？

从选举和罢免的角度看，我们赞成这样的观点，就是美国的民主选举游戏中选民只有选举权，没有罢免权，而美国大老板是真正拥有罢免权的人。我们会认可这样的观点，就是谁能罢免美国的总统谁才是美国的统治者，知道谁有罢免总统的权力和能力，才是理解美国政治的关键。

另外，美国有独立于政府的媒体和智库。多数人不知道，这是因为美国媒体和智库不拿政府的钱，而是为出钱的财团服务，就是说媒体和智库是和美国政府一个级别。

有研究表明，美国政治是金融僭主世袭体制，或者说是金融封建制度，美国总统只是一些大老板手下的总经理。这样我们就能理解，为什么美国频繁更换总统依然超级稳定的原因所在，因为美国有高于美国政府的某种力量存在。

美国政治制度的一个基本假设是人是理性的。可事实上，人的理性是限制在自己明了的事物范畴之内的，人对自己不熟悉的领域是谈不上理性的。政治家的最主要工作本来是把握长期利益和短期利益的矛盾和冲突，而在实际情况中，长期利益的直接反对者恰恰是多数人。把政治变成游戏，失去的恰恰就是长期利益，最终全社会是要吃苦头的。

民主是否可以消除腐败？这是一个问题。如果小布什、切尼这样的国家领导人，可以驱使军队和媒体这些国家机器为大公司牟利而不受任何惩罚，算不算是腐败？

关于美国言论自由，其实美国在二战之后从来没有放松对意识形态的控制。美国人是非常注重舆论宣传和导向的，这不是人们理解的自信与不自信的问题，而是因为管控意识形态是管理国家的一个重要内容。在这个领域放任自流是不负责任的标志而不是先进性，因为大众中的很多人是缺少判断力的，是随着舆论导向来辨别是非的。

迄今为止，世界各国的政治制度变革中，所有的非西方国家只要采用多党制和选票制度就没有成功的，世界各国引进美式民主这颗种子在非西方的土地上都结出了苦果。这说明西方制度背后所拥有的力量平衡和协调机制是非常特殊的。

美国领先世界之后很长的一段时间里，没有一个国家的经济规模达到过美国的一半以上，无论是前苏联还是日本，在他们最辉煌的时候也没有达到这样的高度。美国已经将产业经济转变成了虚拟经济，当今美国成为全球最大的市场，美国产业出现空心化趋势。这个趋势导致美国出现危机，面对这个危机美国怎么解决？现在美国还能回到原来的产业经济上吗？这是问题的关键。

美国在科技、经济、军事等领域都领先于世界。支撑美国科技领先的是经济，支撑美国经济的是军事领先，支撑美国军事领先的也是经济。当美国的经济不支撑军事，军事的绝对优势就会削弱，军事优势的削弱就意味着红利减少，红利减少就会影响军事和科技的投资，就会形成恶性循环。这个趋势和美国的各种优势无关，要知道美国今日各种优势都是建立在良性循环上的。一旦良性循环变成恶性循环，美国国内矛盾就会激化。过去美国多次用战争将国内矛盾转移到世界其他地区，未来的关键在于这一招还能不能奏效。

人类社会尚未找到一种通用的方式来保障社会的进步，相反所有的努力和尝试都是双刃剑。政治的核心就是财富的分配，经济的核心就是财富的增加，军事的核心就是保护或是掠夺外部的财富，文化的核心就是财富的享用。

美国的问题是财富过度集中，我们知道美国实际上是最早移民美国的数百万地主的国家，这些人是美国的基础和真正的主人。但是这二百年来，美国一直是成长着的，所以后来者也不是完全没有机会。至少美国梦就是表示总会有人能进入富豪的圈子，这种机会和努力使美国产生了一个巨大的中产阶级，形成了美国最具特色的橄榄形社会。但是随着美国的经济逐渐向金融经济转化，财富快速向少数的人手里集中，又一次暴露了美国是少数人的美国。

多元社会结构与妥协传统

西方社会至少可分为五元：有钱人、君王、教会、贵族、市民。他们是一种互相制衡的关系，所以妥协就成了习惯和必须。

欧美这样一种多元的社会，是西方特有的，与此相匹配的是议会政制。这个传统很久了，至少有七八百年的历史了，多元社会的妥协传统导致多党制得以在欧美实行。

西方政治发明"宪法"和"宪政"，本身就是多元政治势力之间妥协的产物，就需要一个商量和讨论的机制。诸侯林立的西方世界，打来打去，没有一个君王、贵族、教皇或市民能将西方社会统一起来，最后只有大家妥协，要不然这日子没法子过。这也是资金最终能控制社会各方力量，或者叫金主能引导各种力量向着赚钱的方向猛跑的主因。

由于历史的原因，西方存在一个超然于政权的金融资本财团，他们搞了一个平衡各种力量，把难以完全控制的各种力量限制在一个确定的框架内的体系。欧美之所以能做到换个总统不影响社会大局，因为有高于总统的力量稳定着局面。而在非

欧美的其他的二元社会里，民主选举就变成了权力斗争，很容
易演变成动荡和分裂。这道理不难明白，所以我们强调制度不
是文字功夫而是各种力量的制衡。

制度

美国民主制度的本质是一群相互独立的殖民者为了共同的
利益团结起来形成的一种较为自觉的组织，这个组织一定设置
了较为清晰的利益分配方案。而广袤无垠的美洲大陆给殖民者
提供了无限的可以扩展的空间，所以殖民者内部的矛盾从来没
有激化过。所以在美洲一开始几乎没有政府，各级政府是逐渐
建立起来的，主要是起着仲裁者的作用。

美国底气来自美国的富有，但是美国的富有源自美洲辽阔
的土地，来自工业和科技进步，来自殖民掠夺和战争。

民主和富裕是不相关的两个系统。资本原始积累的手段是
相同的，例如掠夺、贩奴、贩毒、矿产、石油、商路或航路上
的要地等等。

综观世界历史我们可以看到，民主体制在应付战争、经济、
自然灾害的时候问题很多，往往力不从心，而长期发展战略的
制定和实施在选票政治之下更是遇到极大阻力。

也许可以这样讲，民主体制只是刹车系统，而不是动力系

统。西方民主制度所选举产生的政客需要立刻兑现自己的承诺，所以不可能拥有长期思考、策划和持久地朝着确定方向努力的能力。落后国家的人民要的不是两个坏蛋中选一个不是最坏的政客，而是能够带领人民进步的领袖，这个领袖要能够给人民带来长久的福利，长期的福祉比选票重要。

民主是一种人为设定的理想状态，需要很多条件来支撑。多数人的意志中不可能有长期利益，而人类社会的竞争已经到了国家层面，国家层面的竞争只能是看哪个国家更具有长期战略以及实施长期战略的能力。所以美国在全力向外国推广民主的同时，也致力于加强自己国家的权力。

什么样的制度是一个好制度，让大家都叫好。好制度在哪里呢？英国人是君主立宪制，美国人是两党轮流制，英美都不一样，是不是两个都是好制度呢？

其实更深层次的问题是好制度是怎么来的。我们说人类的一切发展都是各种力量角逐的结果，制度更是如此。制度就像靴子，是不是舒服只有自己知道。我们常说每个国家的人口、地理、历史都有差异，地球上没有相同的两个国家，更不会有哪个国家的靴子百分之百地适合中国，因为这世界只有我们一个现存的中华文明古国，也没有人有资格规定我们穿什么样的鞋子。穿鞋子是要走路的，走什么样的路对中国这样的块头来说，是生死大事。制度是我们的根本，属于底线，是不可触碰的。

　　复兴途中的中国人会逐渐恢复自信，这种自信源自我们的近现代史能够逆转，也源自我们的古老的历史。

　　从商鞅的分家单过，到汉武帝的推恩令，中国的政治制度可谓是历练千年了。什么能凝聚力量，什么会削弱力量，那是了若指掌，中国人两千年里研究的就是这个。西方人对自然的理解比我们强了几百年，但是要论对人性的研究，我们中国人才是最透彻的。

　　今日中国的政府正起着组织全民族力量的作用，成为经济和工业化进程中落后的中国逆转和复兴事业的唯一可以依靠的力量，我们应该自信能产生复兴的力量就表明中国有远比欧美先进的政治制度。

　　西方人的历史太短，所以没有办法沉淀出我们这种制度。在他们的历史上，权力从来是恶势力，所以资本家占据上风之后一直试图限制权力。我们中国人认为权力是为大众利益服务的，甚至连古代中国皇帝至高无上的权力其实也受到特殊的约束，这是西方人无法理解的。

　　中国人在两千多年前就已经探索过这个问题，最终用五百年的战争解决了这个问题，所以中国政治制度保持了两千多年。近百年来中国共产党补齐了这个制度的最后一块短板，形成权力与大众之间密切联系在一起的组织结构。

　　这三十年来简直就是以否定的方式在验证这个制度，参照系分别是西方制度、苏联解体、日本以及亚洲四小龙的选举实践。世界政治舞台上演了各式各样的戏剧，最终证明了我们现在的"选拔＋某种形式的选举"模式的先进性。

这种体制的先进性证明案例，是在中共十八大新老交替之际，发生了中日钓鱼岛之争。事实证明中国共产党领导人的接班制度是可以经受突发事件考验的，这种制度是无缝衔接，其政策的连续性并不随着领导人的更替发生重大变化。什么是重点，什么是关键，都是有预案的，这让我们很欣慰。

自由、平等、民主、人权，在中国早就预演过了。平等的思想早已深入到每个中国人的心里，自由民主的狂欢之后的一地鸡毛也使得中国人早就逆反了这种无序的游戏。说到人权，什么样的人权比得过生存发展和享受劳动成果更有吸引力呢？

中国梦是靠着鲜血、汗水和眼泪滋养大的，这种艰苦吓坏了很多人，这种艰苦也吓跑了一些人，于是这些人想方设法跑出国。但那些出国去寻找民主自由的人们最终会发现，人家白人的家园怎么会是你的天堂？所以我们中国人唯一的出路就是建设好自己的家园。

我们很惊讶地发现，美国人是如此理直气壮地宣称，要让中国人实行民主。那我们就要问了，是不是美国人感觉我们太落后，所以要帮助我们？那为啥不卖给我们一点先进的技术啊？中国人多，美国是个移民国家，但是移民的大门从来对中国人是关着的。而且，为什么我们花钱从美国买任何好东西都得不到，而美国人却免费甚至自己花钱也要给中国推广所谓的民主呢？

"一个人的美食，可能是另一个人的毒药。"这个英国谚语还是很有道理的。我们前面说过，欧洲的进步类似于毒蛇进化出毒牙，他们自身有了抗毒的能力，但是美式民主对其他民族却有可能真是毒药。想想看，大约几百万拥有大量土地的地主构成了美国的基本盘，而我们中国是几个亿的没有任何优势的农民构成了我们的基本盘。如何可以相提并论？

我们其实可以设想一下，一人一票的政治制度，这种看上去充满良知与正义的东西，往往导致政治家的短视，而这是致命的。一个国家和民族落后的时候，最需要的是积累和艰苦的劳作。但是这些所谓民选的政治家们能这么做么？他们为了得到选票，只能做一些分配上的调整，迎合一些人的短期利益，这种调整会暂时缓解一下社会矛盾，但是却不可能促进积累。没有积累怎么能让社会财富极大的增加，所以民选这个政治游戏所产生的政府是不可能实现跨越式进步的。

中国国情完全和美国不同，这一点我们过去说过，但是声音太小。声音太小的原因是我们底气不足，今后我们应该大声说出来。而且未来世界不再是美国一家主导的世界，一定会是一个多极的世界。

建立多极世界

中美最大的不同就是历史和文化的不同。西方人的历史很短，他们能记住的历史只有几百年。所以西方人认可《圣经》里的"马太效应"，认为强者恒强，弱者恒弱。中国人见过太多的兴亡交替，知道物壮则老，知道强盛之后就是衰败。所以中国人的政治智慧常常是视自家内部的不利因素为自己的敌人，而美国人总是在外部的世界寻找潜在的敌人。

历史上，中国人从来没有将美国视作最大的敌人。这是因为中美不接壤，而美国以市场经济立国，没有过多占领土地的欲望，相比其他的帝国主义，美国不是最坏的。而美国人多数时间里也不把一个积弱的中国视作敌人，有时候还扶持中国来抗衡其他列强，所以很多中国人对美国是有好感的。

但是新中国成立之后，采取"一边倒"的外交策略，这本是中国为了保全领土的不得已措施，却导致美国误判。于是两国在朝鲜半岛上大打出手，从此中国军队成为美国的可怕对手。冷战结束二十多年后中美再次握手，美国的矛头重点指向前苏联，这大概是中美关系最好的时期。苏联垮台后美国环视全球，发现中国大概是唯一一个潜在的敌人。

中国真的不是美国的敌人，美国的敌人是美国自己培养出来的。美国以金融和军事手段掠夺世界，导致世界多数国家的贫富差距越来越大，无助、绝望的情绪弥漫于非西方世界。这几十年美国制造了大量的冲突，所以积累了越来越多的仇恨，导致一些人走向极端。

我们会注意到个体抗争资本集团的路途之艰难和微效。不能把人民有效地组织起来，而是靠个人英雄改变世界的努力总是那么悲怆。但是他们的牺牲深刻地影响了世界未来的走向。他们的行动证明了手无寸铁的人们并非没有办法抗争。中国人早就说过，"舍得一身剐，敢把皇帝拉下马"就是这个意思。所以试图灭绝种族的暗黑势力，灭绝弱者必然会带来同归于尽的结果。

这是一个五彩的世界，但是我们愿意把它归为同一个世界。这个世界激烈竞争，但我们祝愿人类有同一个梦想。中国五千年历史所传承下来的主流价值观是大同，是"和"与"合"，是避免社会分裂，是带领人类走向和谐共生的大同世界。

经历过五千年磨难的中国人早就找到了与其他民族相处的方式，这是我们倡导建立一个多极的世界，让地球多元共存既是真诚的也是明智的。我们中国的平稳也是世界的福音。

告别革命

今日中国人能拿美国作为自己的参照系本身就是我们高速进步的最佳证明。

对生命延续的渴求构成了我们中国人的世界观主体，然而我们深深引以为自豪的是我们还有一种超越。这种超越在多数时期可能是少数人拥有的，但是在某一个特殊的阶段变成了全民族的共识，那就是为了集体的利益，我们民族中的先进分子可以牺牲自己的生命，我们的人民可以付出所有。中华民族复兴路上铺满着先辈们的尸骨，把中国各种力量凝聚在一起的粘合剂是鲜血、眼泪和汗水。任何文字和语言都不能对等地表述这巨大的牺牲。

辛亥革命之后曾经尝试着搞议会，可是军阀们不干；军阀们搞内战，谁也搞不过谁；于是搞新党，两党合作没有几天又分裂了，同志转眼举起屠刀；外寇来了，蒋介石获得了所有的支持还是打不过日寇，靠着世界反法西斯力量才赢得抗战胜利，然而蒋介石集团最终还是被人民抛弃了，中国人最终选择了共产党。共产党执政不是中国人用选票选出的，而是千万人用鲜血和生命选择的。但是革命的真正目的是为了不再革命，建设中国，实现民族复兴。

不是所有的革命都值得赞美。我们赞美革命是因为中国革命是人类历史上最辉煌的革命，在激烈的斗争中并没有演化成残酷无情的肉体消灭，而是结出了最美好的果实。

当今中国最奇特的怪相，是最先获利的一些人热衷于中国社会变动，而生活在基层的人们反而在主动维护目前这个体制。因为历史告诉我们的是，中国要想稳步发展只能走社会主义道路。

走社会主义道路

一百多年的实践证明中国人只有一条路可以走，那就是组织起来，靠着全社会的力量方能反抗资本主义势力，才能逆转和复兴，这就是社会主义道路，或者说社会主义就是全社会的集体主义。只有社会主义才能救中国还有疑问么？这六十多年的正反经验多次表明：中国的道路只能是社会主义的道路，舍此之外别无他途。

社会主义道路其实是最漫长的道路，也是最难走的道路。因为它不光是需要集体主义基因，而且对领袖集团要求极高：没有利益作为动力和润滑剂，推动社会前行的就只能是鲜血和汗水，就只能靠着牺牲自我，这就是为什么社会主义运动在世界其他国家并没有结出甜蜜果实的真正原因。因为它要求领导集团强悍有力而又高尚还要无私。

在人类各种理想中，均贫富是一种最难实现的理想，阶段性的强制性均等也可能对社会活力带来伤害，人类只不过是在压迫和剥削两害间取其轻而已。为什么世界上只有中国走通了最难走通的社会主义道路呢？我们惊讶地发现几乎没有什么研究者提出过这样的问题，显然所有人都忽视了中国传统中有集体主义基因的存在。

中国共产党的第一代领袖们在新中国成立后进行了伟大的

尝试，设计过很多分权的方案，做过共建中国的努力。然而各种力量并不是简单地、无私地扶持就能迅速长大。目前中共一党执政，多党参政，这就是中国政治的现状。很多人指责这种体制，孰不知，这其实是我们拥有的一种巨大的体制优势。

中国和美国之间这些年的较量不是实力相近的选手之间的博弈，而是中国在追赶美国。领先者能被追赶者拉近距离，就说明追赶者是有优势的，而且这种优势甚至是领先者所不具备的。这是我们没有必要全面学习美国的原因和底气。丢了自己的根本就是丢弃自己的优势，邯郸学步是永远追不上西方人的。

中国最明显的优势就是我们的举国体制，美国政客说服股东们做长期投资是很艰难的事情，而我们只要决议通过就能决策实施。这种效率在追赶的时候是起着绝对作用的。

中国这六十余年来是世界上进步最快的国家，这并非完全是后发优势单独在起作用。美国早在一百年前就已经领先全球了，可以说世界其他国家都是后发者，也没见其他国家可以更好地利用后发优势追赶美国的。国与国之间真正的较量是政治、经济、军事、文化全方位的竞争，不是某一个小领域的领先和局部优势决定的。中国能够追赶美国，也不仅仅全是人口的优势。

西方人其实已经意识到中国对西方体制的挑战。中国自2008年以来不但顶住了全球的金融和经济危机，还在其他国家陷入债务危机时候，实现了经济的稳定增长。这种成就只能归因于"体制"，归因于"强大的国家权力"。

西方人发现中国可以通过五年规划由中央权力确定经济和社会发展方向，西方国家由于体制限制是不可能这么做的。中国可以谨慎地进行尝试，然后再推广，这让我们节约了大量的时间。"中国特色社会主义市场经济"就是把计划经济与市场经济结合起来，比西方国家单一的市场经济效率更高。

我们必须明白，我们的政体是我们中国人用三千多年的血泪和牺牲凝聚而成的智慧和结晶。在政治上，我们比欧美先进而不是落后，我们的大一统甚至比欧美领先两千多年，这是我们应该自信的地方。没有强大的国家力量我们是不会逆转的，也无法复兴。

第五章　文化的自信

百年思潮

满族入主中原之后，采取了联合蒙古、拉拢汉人士族的政策，所以快速稳固了政权。这些政策一定程度上消弭了国内民族矛盾，清朝时期中国的国土面积大增，粮食品种也大大增加，这些因素使得人口暴涨。与西方的通商又使得民间财富大增，所以出现了康乾盛世。优哉游哉神仙般的日子，使得中国从上到下，根本无人去关注外部的世界。而这时，欧洲工业革命的浪潮已经形成并快速膨大，像海啸一样席卷全球。在灭顶之灾到来之前，中国社会集体生活在煌煌天朝的梦中。

1840 年，洋人的大炮炸晕了统治中国的贵族和士大夫，也炸醒了中国人。一些中国的智者意识到这是千年未遇的大变局。然而事实证明，这种理解依然不够，大炮其实代表的是人类历史上罕见的大革命。在人类的历史中，只有农业革命可以与之相提并论。可是农业革命是经历了漫长的岁月之后的渐变，而工业革命却是人类社会突变性的进步。面对西方钢炮利枪的进攻，中国龙在一百年的时间里基于中国传统的抵抗、适应等各种努力基本无效，这就击碎了所谓的中国传统文化的优越性。这也是为什么每当有人说中国传统文化如何美妙的时候，另一些人心理上总是难以认同的原因所在。

大清帝国大厦轰然倒塌之后，中国传统文化被一些人决绝地否定了。我们必须看到这种决绝地否定在相当长的时间段里曾是有积极意义的，因为中国革命的阻力过大，没有决绝地否定传统或者说中国人不到绝望的地步是难以进行彻底革命的。

这一百多年的落后和屈辱令人痛彻心扉，这铭心之痛使我们民族彻底反思。这反思彻底到什么程度呢？到了彻底否定自己，全盘接受西方文化的程度。一些人认为中国从制度到文化，再到道德都有问题。最后得出结论就是中国人是劣等的，命该如此。这甚至成为一些人接受的定论。

这种观点在六十多年前被强力终止了。缘由是一个落后的民族拿着简陋的武器，打败了以美国为首的武装到牙齿的联合国军。这胜利足以证明，中华民族不是劣等民族，这是中国人再次站立起来的标志。在此之后，再次站起来的中国人靠着艰苦奋斗、自力更生再造中国。

有一个时期，中国人集体坚信我们是伟大的民族，我们一定能够赶上欧美。这个信念支撑着我们的父辈们吃苦、受累、流血、流汗，整整一代人勒紧裤腰带，为后人打下了工业化的底子。

由于新中国成立后的前三十年我们全力以赴积累社会财富，以最低的消费艰难度日，全民衣食简陋，忙着攒家当，没有顾上看世界。当我们随后打开国门才知道，西方也在快速进步中。而且西方的奢华超出我们想象，甚至"亚洲四小龙"也比我们的日子好过。这种巨大反差导致中国人样样都不成的观点又一次出现了，而且还获得了一定大范围的认可。

一百多年的落伍，彻底摧毁了一些中国人的信念。有人甚至发狠说，我们需要被殖民三百年，可见我们对自家传统否定到何等程度。前些年，中国甚至流行过学习日本，说是日本人面对西方的优势转弯极快，学习的精神也是极其透彻的，日本人就差把皮肤漂白了，很多人认为这才是学习西方该有的态度。

事实证明，我们需要深刻理解中国革命的深刻意义，多数人对这场革命的长期性和艰巨性更是缺少认识，甚至连一些积极的参与者也无法全部理解和忍受这种艰巨。

那是一个不可复制的也是不可思议的年代。那一代人没有私利，一心一意为了国家和后人攒家当。后人需要知道在经历了流血牺牲的二十八年之后，那些打下天下的胜利者居然面临的是另一个流汗甚至屈辱流泪的二十八年。

我们今天依然无法准确表述这一超过半个世纪的神圣故事，只因为它成就巨大，而且距离我们太近，以至于我们当下依然无法看清全貌。我们只知道一点，就是所有的参与者都从青年变成了古稀或耄耋老人。他们多数没有享过什么福，但是他们中有很多人是无怨无悔的，因为他们自豪于自己书写和主导了中华民族复兴历程中最重要的那一段历史，他们知道这种青史留名的机缘可遇而不可求。我们的后人们也会承认，中共最初的半个世纪的奋斗历程是我们民族历史上的神奇事迹，这一神迹就发生在距离我们很近的昨天。

我们的知识阶层中的一部分一百多年来一直有一种速成的倾向，表现为指望引进某种思想或者制度西化就能改变中国。抱住某种主义不放手的人其实和全盘西化的人一样，都不是实事求是的人，而是速成主义者。

中国今后一定是需要理论指引的，这理论或是创新或是在已经被实践证明过的理论中确认。我们欢呼创新，不过我们知道，创新绝不是一件轻飘飘的文字工作。因为中国的进步是基于鲜血、眼泪和汗水的积累，而不仅仅是某种思想意识的传播。人类历史上多数思想家们影响世界靠的不纯粹是思维的力量而是世俗政治力量的推动，这一点要引起我们理论界的高度注意。

们和美国在衣、食、住、行、娱乐和教育的方式在表面上几乎没有差异，那么美国成功了么？显然没有。这就不得不说，我们中华民族是个很奇特的民族，美国人永远也不会懂。

前人牺牲与后人逐利

今天中国人热衷于追逐财富，一些人把金钱看得比天还大。我们知道蔑视财富不受人待见，但还是要老生常谈再谈上几句老调儿：几千年古今中外的历史早已表明，富有真的算不了什么，除了乞丐会羡慕之外，几乎没有什么富人在历史上留下真正的痕迹。

但是人们去逐利，也不完全就是我们一些人认定的一定是坏事情，因为西方这几百年的领先就是逐利的结果。当下的全民逐利并不代表我们前人的努力和牺牲是白费的，恰恰相反，没有前人的牺牲，后人是没有机会和资格逐利的。今天多数中国人获得了这种资格和机遇，能过上富裕的生活恰恰是前人牺牲所赐。

未来中国的前景光明，但是并不代表未来的道路是坦途。相反，未来的三十年依然是需要牺牲的年代。这是一句沉重的话，难以继续。只希望我们的后人们在过上好日子之后能够为这二百年的牺牲洒几滴眼泪，先人们的牺牲就不是没有价值的。

我们并不赞成一些人的观点，他们赞颂前人的奋斗却指责当下的逐利。前人牺牲难道是为了后人继续牺牲么？前人艰苦是为了后人继续艰苦么？前人无私就一定要求后人不能逐利么？不是的啊。我们要的是社会整体进步，我们要的是国家安全，人民生活安定幸福，要的是物质极大丰富，是消除贫困，其他只是支流末节。中国社会不再强迫普通人无私和高尚，这也是一种进步。我们认为，高尚应该是自觉和一种享受。我们现如今有了这样的资本和条件来宽容和舒展地对待逐利，只是要把逐利限制在合法的范围之内，这样我们的社会就能更美好。

时代呼唤思想家

有人说中国这些年没有独立的思想家，没有大家，甚至没有思想界，有的只是学舌鹦鹉。这个观点的社会接受度，在一定程度上说明我们社会中存在的问题。

最近的三十余年，中国社会鲜有思想上有分量的人物，这和我们全民逐利有极大关联，主要原因就是部分知识界也被金钱糊住了心智。西方哲人说过，拴上黄金的鸟儿是飞不高的，人类的思想就是如此。我们见到的大思想家都是超越金钱的，几乎没有例外，即使有些大家认可财富作为力量的一种，但是没有任何大家会把财富视作最重要的力量。

思想家最主要的是什么，是个人的特立独行吗？不是的，最主要的是他思想的人民性，是他的思想影响了多少人的价值观，思想家本人会死亡，但是他的思想却可以流传万世，他的思想不是独立于世界，而是化入千千万万人的骨髓。

中国的历史上有很多试图独立于社会的隐士，然而时间证明这条路几乎是行不通的。中国古代的诸子百家们之所以留下自己的名字，原因皆在于他们和某种力量结合后极大地影响了社会。即使我们人类享受到思想特殊的贡献，但是多数天才的影响力依然是由人类社会接受的程度决定的。

我们今后的问题也不是只要有了千百个智者就能解决的，复兴大业需要的是方方面面的积累。我们并不缺少思想，因为我们有毛泽东思想。我们需要的也不是什么"文艺复兴"，中华民族的文艺复兴早就上演过了，1840 年之后一百多年的血泪史和抗争史是人类历史上最辉煌的新文化，也是人类思想宝库中最璀璨的明珠。这都是血与火凝聚而成的结晶，不是聪明人能在书斋里提炼出来的。

出卖国家民族利益的一个也不饶恕

中国的文化中有着强烈的集体主义和爱国主义色彩，这是我们千百年形成的价值观念，也是必须捍卫和强化的价值观。

中华民族在过去的岁月中，受到过巨大的屈辱，有过悲惨的遭遇，使得我们对民族内部的叛徒深恶痛绝。因为我们知道，没有内奸的破坏很少有外寇能够攻陷我们的堡垒。

在中华五千年的历史上，任何借助外力或引狼入室，或甘做内奸的人都被称作汉奸走狗。对这些为虎作伥的败类，我们常常以最恶毒的语言来诅咒。

中国人从来不以成败论英雄，秦桧和岳飞身后的不同的遭遇就说明了这一点。而且一旦被视作汉奸，前面无论做了什么都失去意义，汪精卫之流就是例子，这是中国人最重要的价值观。

所有为了私利而背叛和伤害中华民族利益的人必将受到惩处，否则我们社会的正气就无法得到弘扬。先辈们早就告诉我们不除恶不足以扬善，故而对叛徒我们绝不饶恕。

今日中国居然有人惦记着像苏联那样把国家分裂了，他们认为只要中国消失了，自己贪得的那一点钱就会变得正当，没人会再追究。我们要说，打消这个念头吧。要知道中国的财富是全体中国人勒紧裤腰带节省出来的，是用鲜血和汗水换来的，它属于全社会。谁要是把它装到自家口袋了，中国人是不会接受的。

我们中国人从来是很宽容的，敌人只要放下武器我们就会给予生路。但是对于卖国者和内奸，我们是绝不宽容的。我们就是要明确宣告：所有的伤害中华民族和中国国家利益的人，就是跑到天涯海角也无济于事，就是再过二百年也要追究。

民族与国家

关于爱国主义，曾经有一种很流行的说法，"我爱这个国家，但是国家爱我么?"这本是美国电影中的一句台词，却被一些中国人挂在嘴边，作为自己特立独行的标签。我们想说，如果一个民族人人都这么想，那么这个民族就堪忧了。

在日寇的铁蹄和刺刀之下，中国人更加清楚地意识到国家和个人利益是密切相关的了，所以在日寇后方坚持抗战，并能茁壮成长的中国共产党，就自然成为中国人的核心力量。

新中国刚成立，钱学森等一大批著名科学家，就放弃了海外优厚的生活待遇回来报效祖国。中国人在西方世界曾饱尝过歧视和屈辱，在面包、牛奶与尊严之间，很多科学家选择了尊严。多数生活在国外的华人都注意到，朝鲜战争前后，西方人对待中国人的态度天差地别。这是因为西方人只尊重强者，只有在中国显示出实力之后，中国人才赢得了尊重。

很多人怀疑我们新中国成立后统一思想的作用，常常以为我们做过了头，却不知道那种万众一心的力量才是打破西方封锁的关键。因为敌视一个强大的力量绝对是危险的，这就是美国政治家们解释给美国人为什么要和中国接触的理由。你要是一盘散沙，或是外强中干，哪里会有耐心和你对话?

我们知道这个世界是冰冷而又残酷的，我们在伤痛中知道了团结是唯一的出路，我们服从集体是为了不再受伤，因为国家是我们唯一的依靠。

我们社会的精英和管理团体要明白：这个国家是全体中国人民的，所以我们必须承担扶贫的责任和道义；我们鼓励竞争是为了保持对外竞争的活力，但不是为了冷酷而不顾同胞的死活；我们要对弱者伸出手来，保障每个人有尊严地活着，这是我们的任务和责任；每个生存在这块土地上的人都应该有基本的生存保障，这才是我们发展的意义；我们明了丛林法则是为了对外决不妥协，而不是对内残酷冷漠，这些都是民众对共产党执政的要求和期望。

我们需要明确，爱国主义在某些局部、某些时点，与个人利益相互抵触，但是总体上，爱国主义是有助于个体的利益的。原因是人是社会性动物，需要抱团才能生存、才有力量，团体越小力量就越弱。然而团体真正变大也不是件容易的事情，要克服的困难更大更多。

国家和每一个个人都有关系，世界银行的一份报告中说："一个人能否过上健康和具有高生产力的生活，最大先决因素是这个人的出生国。"

经历了两千多年的分分合合，特别是经历了近一百多年血与火的磨难，中国人都明白了这样一个道理，就是大树底下好乘凉。历史告诉我们，中国就是可以庇护我们的大树，这棵大树是由几十亿曾经生活在中华大地上的人们用血汗浇灌而成，它属于我们，我们也属于它，我们是一体的。

教育问题与高考制度

中国的科举制度的实施使得普通的中国人可以通过读书来改变命运。别管这个通道多么狭窄，依然代表着希望，而人恰恰需要的就是希望，有了它再苦再累也能熬过去。

上大学对当今中国人仍有一种特殊的意义，无数家长唯一的心愿就是孩子能考上好大学，为此自己吃苦受累都不在乎。有人说这是中国人傻，说你看人家欧美就不是这样，说这话的人其实只是看到了表面，这里面深层次的问题其实是一个社会通过读书能不能改变命运的大问题。

西方世界的平民之所以不重视孩子学习和考试，是因为西方财富和地位是世袭的，他们的贵族圈几乎是封闭的，阶层早已固化，平民百姓早已经失去了改变命运的机会。欧美最好的大学一开始就是贵族和富人们为了自家孩子的教育而设置的，起点高、财力雄厚，故而无人能够竞争。这也是为什么后来办了无数个大学，但是排在最前面的依然是若干贵族式的私立大学。

英国的贵族是世袭的，美国的财富更是家传的，这才是欧美社会的真相。但是美国金主们编造了一个美国梦，常常拿出单个人发财的案例来证明任何人都有机会成为巨富，这就足以鼓舞数亿人去心甘情愿为富人打工。这一点其实和中国人通过读书改变命运是相似的，可见每一个社会之所以能够正常运转，都是因为有相应的激励机制的。

很多人没有意识到中国的教育其实并不是被指责的那么糟糕。中国教育体制的焦点是全社会教育与个体教育的纠结，家长们望子成龙而社会需要的是培养合格的劳动者，这是两个完全不同层面的问题。

新中国的大学全是国家创办，举国之力办教育是我们追赶西方的主要倚仗之一。新中国的教育体系就是培育更多的知识分子，一些最重要的领军人物在这种竞争环境中生成，另一些没有脱颖而出的读书人承担起将天才的思想传授给大众的责任，转化成人民大众改造世界的能力和动力。从这个意义上讲，我们的教育是非常成功的。

中国目前的高考是只认分数不认人，是当前社会多数人认可的最接近公平的制度，在这种制度下，普通家庭的孩子依然有机会上最好的大学。高考凭分数录取可能是目前唯一能被多数人接受的方案。

我们的教育制度和高考制度并非是人们指责的那样不可接受，当下的某些所谓改革，其方向可能恰恰偏离了多数人的期望，例如自主招生恰恰是给权力和金钱开了一条路子，这和当年推荐上大学殊路同归，即便出发点是好的，但是结果一定是差的。

我们应该鼓励富有的人们自己投资教育来实现子女成才的意愿，而不是惦记和挖掘公共教育资源。

我们要强调一点，就是中国国立大学的招生改革不可越线，高考制度轻易不可变动。三十年来中国最庞大的举国体制是高考，是唯一落实了全民监管的领域。高考一举一动牵动亿万人的心，再苦再累人们心甘情愿。甚至可以说只要有这个机会人们就不抱怨社会不公，高考制度的重要性怎么说也不为过。

科技、人才与国家战略

1909 年，美国政府决定向中国"退还"部分庚子赔款，用来"帮助"中国"兴学"，史称"退款兴学"。著名的清华大学就是这个战略的产物。

美国成功的秘密之一就是他们一直很重视人才的引进。而且从某一天起也开始接纳中国人，不过他们主要接纳中国的精英，高学历和名校学生优先。美国人用高薪和其他软实力吸引了很多人才去为他们工作，结果就是美国人只花费少量的钱就把我们辛辛苦苦培养了二十多年的优秀人才给挖走了。

单单是从钱的角度考量我们中国也是吃大亏的，因为在名校学生身上国家是花了大钱的。名校依靠国家倾斜政策，占用了巨大的教育资源。

　　我们的国家和民族正处于复兴的关键时刻，正需要大量的人才去攻克难关，国家为此花大钱培养人才。这些人本来是民族的精英，却背井离乡去给外国资本家打工，为了多赚几块美元而放弃自己的荣誉、尊严和责任，我们要问这是哪里出了问题？我们的一些领导人和社会精英放弃了自己的责任，这难道不应该自责和检讨么？

　　很多人把中国大学生出国热视作我们教育的巨大失败，是有道理的。不过也不用过于沮丧，其实对一个国家而言最重要的是顶级人才。因为在学术领域，千百个出国留学的学生中只要回来一个有工作经验的博士或者教授，就有极高的价值。中国人常说"千军易得，一将难求"就是这个意思。

　　所以我们依然要说，几十年来我们在教育科研人才培养上成绩依然是巨大的。我们中国目前只是在基础研究方面稍弱，这主要是历史的原因。我们中国有世界五分之一的人口，但是我们的人才的比例远高于这个比例，这就是我们新中国成立后六十多年积累的结果。

　　很多人因为中国缺少创新而指责中国的教育科研和人才培养体制，并非是完全站得住脚的。创造性人才的脱颖而出是基于天赋和竞争的结果，需要环境和基础养育而成。

　　人类最伟大的发明是语言文字，它使得后人可以在极短的时间里学习前人总结出来的知识，只有在较为雄厚的基础上，人类才能通过新生的天才凝练出更全面的知识体系，这一聚沙成塔的过程构建了人类辉煌的文明。

中国在近代完全是处于追赶和学习西方的进程之中，我们原本是没有任何科学基础的，能追赶就已经需要举全国之力了。得亏我们民族的智商实在不低，也得亏我们先辈用牺牲换来一切条件，才使得我们追赶成为可能，指责我们没有创新的人和期望走路未稳的孩童快跑其实是一样的。

我们是有很多问题，但是大的方向上并没有太多的错误。如果你认可我们的目标是复兴的话，就会发现我们一直在朝着那个方向努力，这一点是需要肯定的。

中国教育体系的指导思想是知识必须与劳动实践相结合。中国知识分子常见的倾向是试图脱离利益独立于世界，这种自我期许，看上去高傲其实卑微无奈，看上去自得其乐其实是有苦难言，因为这是完全错误的。放眼历史长河，社会组织恰恰是人类的最重要的力量，个人的才华只有在社会组织提供的大平台上才能得以展示和发挥。

未来中国的人才战略应该是立足自己培养的同时加强对海外人才的吸引，随着中国经济的发展，人才培养与引进一定会进入更好的良性循环的。我们更大的底气来自人类社会最特殊的进步，那就是科学早已从少数天才的实验室游戏转变成了国家战略层面的竞争，也就是说科学已经异化出绝对的国家属性。这就是为什么多数落后的国家没有机会翻身的原因，当然，这也是中国能够复兴的主因。

信仰是强大的力量

我们得承认，我们中国人在三千多年的时间里对人的兴趣过大了，对自然的关注太少了，这可能是因为我们早早地解决了疆土扩张的问题的缘故。所以在皇帝个人欲望和需求的大力推动下，中国的智者将大量的时间和精力用于两个方向：一个是帝国的稳固，试图帮助皇帝把家天下传至万代而不替；另一个就是追求个人的长生不老。前一个工作的结果就是对他人极端压制，后一个作为是对自我极度期许和放纵，结果是缘木求鱼，两个方向都出了问题。

近二百年的落后，又导致我们全面转向唯物主义，这是好事情，因为对自然的理解和把握决定了我们人类很大部分的知识体系和正确的世界观。

可是，还是有一点很重要的东西不属于科学的范畴，哪怕是比例再小它依然是存在的。我们这样表述，就是试图提醒人们，尤其是最高层面的领导者和思想界，还有一个小比例的但是很重要的事物存在并且影响着我们的思想，那就是信仰这类形而上的东西。

科学进步产生了巨大力量，使得一些人把自然与自然规律神圣化。然而自然是无限的，宇宙是无限的，我们在得到相对宽裕的生活之后，需要思考生命的意义这类哲学问题，科学技术无法告诉我们活着的意义。

中国人在五千年的历史中，十分注重道德因素，这是一种大智慧。中国在信仰上没有统一的传统，中国的政治高度集中，信仰相对自由，这一点和西方相反。

我们为什么百毒不侵？是因为我们中国的文化中吸收了各种文化，中华民族更是汉、匈奴、契丹、蒙古、满族等北方民族以及南方各民族混合而成。而且更为主要的是，中国人在最近这一百多年的艰苦抗争中，真真切切把世界各种文化尝了一个够，才创造出最具先进性的新文化，才打造了金刚不坏之身。

从中国历史的角度去看，就会发现过去所有外来的文化最后都不见了，都融合在中国文化中了。这就说明中国文化有很强大的融合和同化功能，是最包容的文化。

我们现在知道人类社会有两种文化，一种是包容性文化，一种是排他性文化，包容性文化生命力更持久些，排他性文化力量更直接些。

中国人在经历过最严重的伤害之后，终于不再得意于包容性文化，因为包容性文化的基础来自中国是世界中心这一设定。东西文化大碰撞之后的中国人终于意识到每一种宗教都有根植于灵魂深处的最根本的力量。我们要问的是中国人的信仰在哪里？

我们需要思想的指引，正确的思想指引可以让我们少走弯路。没有人可以永生，但是总有些人的思想可以跨越时空而与人类同在。中国有幸孕育出毛泽东这样伟大的人物，他能够带领我们前进，而且没有人能够替代。毛泽东这个能够代表当今中国的符号正在被越来越多的人特别是年轻人重新接受，这是我们文化的主流，这是一种文化自觉。

人类的历史尤其是思想史并不是一代更比一代高的，人类的诸多导师们占据了一座座高峰甚至是后人难以超越的，佛陀、老子、孔子、耶稣、穆罕默德、牛顿、爱因斯坦、毛泽东……当然不排除未来人类亿万年中还会出现更了不起的思想家，但是当下我们要做的不是等待新思想家，而是确立我们的信仰，寻找我们的指引。

毛泽东倡导的"为人民服务"的理念是中国共产党的基石。对中国人而言，中国共产党第一代领袖们的影响力更大更持久，因为他们是我们民族的优秀代表，他们是中国人，距离我们更近，最有可能成为全体中国人共同的信仰。

我们的新文化

中国人基于传统的文化自信已经被洋枪洋炮击碎了，试图粘合碎片来重树文化自信是不可能成功的，我们的文化自信是源自这一百多年来的苦难抗争中的胜利成果，今天我们需要明确的是，在这人类历史上罕见的苦难和无比辉煌的胜利中，中国已经孕育出了睥睨全球的中华新文化。

所以，盯着我们受伤后伤口上的脓血，定格我们倒地后的惨状，放大我们净化过程的冲突，都是有害的。这一百多年的中国主流文化就是"流血牺牲"，随后就是"流汗苦干"，这就是我们的新文化的精髓。

中华新文化的先进性是根植于中国悠久的历史之中的。中国人的历史是世界最辉煌最灿烂的历史，我们的祖先在世界最好的土地上创造我们民族的美好生活。一千多年前，我们就穿丝绸、用瓷器、尝美食、听丝竹、谈古论今了。我们不否认我们存在各种问题，但是我们是曾经多次过上好日子的民族，这只能说明我们的优秀而不是相反。

中国的新文化比西方文化更有优势。很多人羡慕西方的强势文化，觉得西方文化比我们中国的文化好，尊重强者就是西方文化的精髓。我们的民族有天、地、人、和的文化精髓。

我们更懂得苦难，而我们的苦难是亲身感受的，是洋人的炮火和铁蹄，是日寇的刺刀。而且我们的苦难是自己消化的，这种苦难产生的养分更为深沉和持久。

我们更懂得博爱与平等。西方人说平等，但是他们的平等只是局限在共同信仰的圈子里。美国黑奴的解放并没有多长时间，而黑人获得基本人权更是只有几十年的时间。我们中华漫长的历史中我们从来没有强制和统一过信仰。

我们更仁义。无论是对日寇的俘虏还是战犯，只要放下武器我们就给予生路。抗美援朝时期我们优待战俘，战俘们吃的比我们的战士还要好。仁者无敌，这是西方人永远也不能理解的境界。基于慈悲的战无不胜难道不是最强悍的力量么？中国共产党领导下的人民军队就是这样的一支力量。

我们的财富也是最干净的。中国人无论是精神财富还是物质财富都是干净的，我们没有搞对外侵略、掠夺和屠杀，我们财富是自己勒紧裤腰带苦干节俭出来的。

我们新文化的主干中有鲁迅精神。鲁迅先生将中国人的痛苦视作自己的痛苦，视这块土地上的一草一木和每一个人都和自己相关。我们更有中共第一代领袖们解救人民于苦难之中的积极而又能干的成功实践。中国近一百多年的抗争和革命，把胸怀天下的情怀和理念传播到更多的年轻人的心里，最终担负起天下兴亡的责任的中国人会越来越多，就是因为我们有先辈的神圣般的引领。

我们中国人接受的是集体主义精神，而西方世界强调的是个人主义精神。近代中国的复兴史是人类历史上最伟大的史诗，这在全世界是少有的。我们的历史悠久，我们的文化中更具备博爱胸怀，我们更具有奉献精神，我们更团结，我们更勇敢、勤劳、智慧、慈悲、善良、仁义；在构成文化的所有要素上我们都有强大的优势。

未来并没有现成的道路可走，我们依然需要摸索前进。但是这绝不意味着我们将先辈的智慧扔在一边，去寻找臆想中的所谓更为先进的理论指引。因为在这百年的抗争中已经产生了最先进的新文化。

中国新文化有着极大的优越性，我们的文化自信有着极大的正能量。

第六章　军事的保障

耕战是中国数千年之根本

说起黄帝，我们中国人都知道他是我们的中华民族始祖。但要问黄帝的功劳是什么？怕是有些人不能立即回答出来。其实黄帝的最大功劳就是战功，史记中说他"一生征战未尝宁居"。我们常说我们是炎黄子孙，炎帝即神农氏，是我们的农业之神，黄帝则是我们的战神。炎黄对应的是农耕和国防，这就是我们中国人的根。

人类的历史是一个近乎神话的历史，因为人通过自己的智慧接近了造物主和神圣。这是因为人类掌握了两种力量，一个是科技力，一个是组织力。诸多力量共同作用的结果使得人类占据了地球生物链条的顶端。

西方文明这五百年的胜出就是靠了科技之力。中国能够逆转和复兴证明中国的组织力是强大的。中国的社会制度已经展示过并且将再次展现出它蓬勃的力量。

中国统一的力量来自春秋战国时期长达五百年的分裂与战争，最终中国人创造了中央集权政治制度。随后的两千多年的分分合合就一直在考验和检验这个制度，最终经受住了蒙古铁骑的锤击而没有被灭族，被西方科技与工业革命的炮火所伤依然挺立，这就证明了我们民族拥有特殊的基因。

中华文明是一种早熟的文明。我们的国家政权采用了一种每个人出一个很小份额即积沙成塔，由最高统治者来承担抵御外侮和治理内患的责任，这是我们中国人早早找到的最舒服的生活方式。不过这个方式也不是样样都好，这种方式在外寇不怎么强大的时候有效，但是一旦遇到强大的外敌，这个体系的效能就难以抵御和支撑。因为中国传统社会结构缺少了中间环节，在中国共产党之前的执政者从来没有真正把人民组织起来，这才是问题的关键。

今天有人说，中国人最发达、过得最舒服的朝代是宋朝，然而中国人却羞于称自己为宋人。两宋持续了300余年，宋朝在经济、文化、科技、农业、工商业、手工业等诸多方面都达到了世界的巅峰，其很多成就别说是前面的隋唐无法企及，就是后面的明清都没有逾越。

但是只有一样出了问题，宋朝的军力孱弱。宋朝赵家朝廷最特殊的政策就是一直重文抑武，在军事上屡受外敌之辱，常被称为"弱宋"。宋朝是中国历史上唯一一个没有抑制工商业的朝代，并且极力发展对外贸易，所以宋朝一直很有钱。整个宋朝只爆发过几次小规模的农民起义，就说明国内矛盾从来没有激化过。今人所谓的人文精神，科技发达，早在宋朝我们的老祖宗就做到了，并且遥遥领先于世界。但是一个短板，一个要命的短板就毁灭了这个所谓最优秀的文明，那就是军事短板：先和辽国打仗不胜，后败于北方游牧民族金朝，最后灭亡于蒙古铁骑，唯一聊以自慰的是，其他国家在蒙古铁骑的扫荡下如秋风下的落叶，而南宋面对外族威胁居然支撑了数十年。

有人不去思索华夏文明为什么无法抵御蒙古铁骑，却在那里哀叹没有市民社会的发育，没有新型商业经济的发展，以及没有科学技术的创新；把中国没有发展归结为无视生命价值，抑制商业贸易；说什么汉人在遭遇重创后，开始变得保守，也更残暴，面对外侮，大多数的汉人精神麻木苟且。这种种指责我们无法接受，因为这些说辞根本就没有抓住核心与重点。

中国这块土地太好了，所以对外扩展缺少直接的利益驱动，导致中国各代政府无法持久整军备战，因为军备需要花钱而无法通过战争回收，这是中国人保守的原因。所以宋代的开国皇帝，有鉴于唐代的军阀分裂所设置的重文轻武国策，不是我们理解的那么无知，这是对外扩张的利益不支撑前提下的取舍。这样也就能理解为什么中原总是需要抵御北方的游牧民族的侵扰，因为游牧民族正好相反，他们有足够的利益冲动来侵掠中原。

到了明朝，无论我们如何神话明王朝的经济规模，都无法解释明王朝为什么不能扑灭农民起义的烈火？自然灾害说或可解释得更合理一些。明朝军备可能曾经强大但是没有利益支撑故而无法持久。这可能是我们生存空间固有的宿命，有一利就有一弊，人类社会就是在多重力量综合作用下蹒跚前行。

中国每个朝代在最开始的时候都是拥有最强大的军备的，但是随后由于没有足够的利益支撑军备，中央军事力量就会变弱，最后政权因不能平叛内乱或不能抵御外寇而崩溃，这就是我们中国人遭遇的周而复始的怪圈。这不是简单的文化问题，所以不要再把中国历史的反复表述成我们文化的缺陷了，这里面的因素多数不是人为的。

中国的历史就是农耕民族与游牧民族的生存空间之争，所以，某种程度上说，中国的历史就是一部战争史，不是内战就是外战，从来没有消停过。自商鞅变法之后，秦国就有了统一天下的基础，最终由秦始皇实现统一，从此中国成了中央集权国家。中国的历史往好处说就是经历过多次分裂之后依然回归统一，往坏处说，就是一串串血泪史构成了中国历史的阴暗一面。

前些年流行有这样一种说法：中国人发明了火药，但只会用来制造烟花；中国发明了指南针，但只会用来测风水。而西方人把中国这些发明用到军事上，发明了火炮步枪，于是中国到清朝末年军事装备还处于冷兵器时代。

这其实是偏执之言。中国人是世界上最早把火药和指南针用到军事上的国家，早在宋朝中期中国军队就有了突火枪，而且有了能发射铁块石块的火炮。明朝就有了火器，当时不仅将火药使用在枪炮上，而且发明了地雷、水雷。

宋朝和明朝末期，中国的汉族之所以打不过蒙古和满族，一个原因就是社会结构的扁平化而不是人身依附的垂直式结构，这样一种非军事化的社会结构是自由的舒适的，但是无法和军事化组织抗衡。

满族入关，是联合蒙古的结果，这一联盟占据了中国的统治阶层，带给中华上百年的和平，中华各民族第一次和平相处。长时间的和平消磨了清朝贵族的斗志，结果遇到了来自另一个大陆的游牧民族，这些人手里的武器远比我们先进，于是中国被欺凌和奴役。

我们无法过多指责清朝，因为清朝疆土最大，人口最多。我们遇到敌人比蒙古铁骑还强大，他们没有起意灭绝中华不是因为他们善良而是我们的块头太大。

中国近代和西方世界通商，获得大量银子之后不能自保，又被西方强盗抢了回去，并且被西方变本加厉吸血不已，这血泪史再次证明没有武备的富有不一定是好事，也可能是灾难。

1840 年的时候，中国的财富变成了灾难的引信，会招来强盗。到 1949 年的时候，一百年间中国土地上战争不断，美丽的国土被外寇内乱打得只剩下一片焦土。

我们的教科书中曾经说到，在鸦片战争时期中国人民奋起反抗侵略，例子就是三元里抗英。事实上，中国老百姓并没有全体起来反抗。他们在冷漠地看自己的朝廷与外夷的战事，因为统治者把国家当做自己民族和阶层以及自家私产，以强权压迫百姓的时候，老百姓会觉得国家和自己没有关系。

老百姓以为打赢了打输了和自己没有什么关系，最多换一个统治者而已。然而事实却残忍残酷地教训了他们，因为没有国家力量，底层人民会遭受更大的灾难。国家越弱越会引发外寇的觊觎，日本人就是因此才起了侵略中国的心思。

我们常想中国是怎么躲过去灭顶之灾的？幸亏有了共产党这一核心，把中国人组织起来了，中国人用了几千万人的血和死亡才关上了自家的大门，才得以疗伤。

我们看历史书的时候，会惊讶地发现，我们这个民族怎么会有这样多的灾难，常常令人唏嘘不已。

我们常常以为中国人是记吃不记打的，很多人愤怒地质问为什么中国古代的历史总是在反复呢？真正的原因不是什么文化劣根性，而是军备在多数状态下是恶性循环的，无数的强国都是被这个恶性循环击垮的。没有军备必然灭亡，但是一味强军也会崩溃。

我们如此强调军事的作用，就是试图明了，从一定程度上说，人类的历史其实就是战争史。两千多年前，商鞅变法的核心思想是奖励耕战，两百多年前美国走的是同一条路，这个世界变化剧烈千姿百态，不变的依然是耕战。

对于今天的中国而言，强汉盛唐只是祖先的光荣，大清被列强凌辱，二十世纪被日寇屠戮仍是我们心头没有愈合的伤痛，历史教训不能遗忘。

我们期望着历史能告诉我们未来，那些认为这个世界应该是公正的人们去看看二战胜利前后美国、苏联和英国是怎么样分割世界的；那些按照意识形态划分世界的人去看看美国和苏联是怎么样切割中国的利益的，又是怎样处心积虑地要求中国划江而治的。

我们认可这样的说法，就是国与国之间只有利益。为了利益美国敢黑英国，俄国更是时刻提防中国。只要是弱国就会受到欺辱，这和信仰、旗帜、文化无关。一个强大的中国、统一的中国具有无比深远的意义，西方世界眼睁睁看着中国统一是因为没有力量阻止，是因为我们中国在血与火的拼杀中诞生了最强悍的人民军队。

中国共产党的第一代领袖用了近半个世纪的奋战唤醒了中华民族的铁血精神，其规模无与伦比，其力量无人能及，这是我们巨大的精神财富。

有人说今天中国人依然没有国家、民族概念，是我们不能接受的，因为中国的人民这一概念远远高于西方公民的概念。新中国全民皆兵、全民劳作，是人类历史上耕战的顶峰，中国人在毛泽东时代凝聚的力量震撼全球。

1949 年之后，中国土地上就再也没有发生战争，如果考虑到以后也没有人敢轻易对我们中国发动战争，那我们的先辈们的功劳比山高比海大，他们的牺牲崇高而又伟大，不容丝毫亵渎。

中国土地归全民所有这是我们的内力，而拥有一支强大的国防力量这是我们的外力，这都是先辈们留给我们的伟大遗产。中国的一切进步都是在这个基础上实现的，这是我们的根本，不可动摇。有了这样的根基也就保障了我们中国屹立于世界。

战争是美国的生存方式

美国有世界上最多的耕地，美国本土有着巨量的资源，足够它自己享受并能销往世界。但是占据美洲的白人，除了杀死印第安人掠夺土地之外还掠夺黑人为奴，最终他们选择了掠夺全世界。当今的美国已经把全球视作它的"地盘"，最初的时候，它是将世界视作市场的，但是后来它成了全球最大的市场。

战争伴随美国成长的全过程。美国的独立战争说到底是抗税的斗争，大英帝国在得不偿失的情况下放弃了，及至后来的美国内战，美国人开始尝到武力开拓市场的好处，欲罢不能了。

科技进步与工业革命的种子在美洲辽阔的大地上开出了最鲜艳的花朵，十九世纪末，美国工业产值超过英国成为世界第一强国。二十世纪一百年里，美国发动各种战争获利巨大，其战略战术是很高明的，这一点恐怕没有人会反对，因为美国多数是等到世界各国打得两败俱伤的时候再出手。

一战中，美国是 1917 年才出兵，以所谓的德国"无限制潜艇战"为借口，但德国在 1915 年就袭击了美国商船，美国等了近两年才开战。

二战中，美国先是给日本提供侵华军事物资，赚取大量金钱，然后再以武力威胁日本，做出随时掐断日本运输线的动作，导致日本袭击珍珠港，这是在欧洲战场已经进入战略反攻阶段时做出的决策。这后发制人真的高明之极，但是这高明的战略背后其实隐藏着美国人的无奈。

只要美国本土不受到攻击，金融财团是无法调动多数美国人参加对外战争的，这也是美国的软肋和罩门。

二次大战之后，美国人最先掀起冷战大潮，用意识形态划分世界，同时用金钱控制自己的附庸。美国人玩的这把戏是一种金融殖民主义，这是一种类似牧羊人的游戏，把羊养肥了再杀了吃肉或者剪羊毛。

二战以后，战争并没有消失，只是换了一种形式罢了，美国以金融武器洗劫世界靠的是强大的军事力量在支撑。

美国必然为美元而战

最近 40 年来，美国向全世界推广全球化运动，由此建立了一个史无前例的金融帝国。美元流向世界，财富流向美国。占据美国顶端的金融资本，经过几百年的发展和竞争之后，集聚了巨量的财富，影响力日益剧增，并逐渐建立起全球美元结算体系。

美国在两次世界大战后成了世界头号大国。美国之前的帝国获得财富的方式都是占领、掠夺、奴役等经典模式，而美国金融财团热衷于市场开拓。

在一个较长的时间段里，美国金融财团通过建立全球货币体系，促使美国成了世界上最富裕、最稳定、经济发展势头最好的国家，自然，这个阶段美元信誉也是最好的。

不过美国人的好日子还是被战争打没了。他们的战争实际上就是做买卖，赢了怎么都好说，输了就乱套，这是资本的本性决定的。最早的失败出现在朝鲜战场上，然后是越南战争。

在越南打了将近 17 年的仗，最后却一无所获！战争还没有结束，美国已经是捉襟见肘，钱不够花了。而那时的美国却不能像今天这样开动印钞机印美元，因为当时美元与黄金挂钩。

1971 年 8 月 15 日，当时的美国总统尼克松宣布：美元跟黄金脱钩。在做出这个决策之前，美国的经济学家迈克尔·赫德森提醒美国政府，美元跟黄金脱钩，在短时间内对美国有好处，美国可以用没有黄金背书的纸币去占全世界的便宜。当然从长期看，这是饮鸩止渴。美国政治家们很愉快地接受了这个报告的前半部分，他们很自信，认为可以通过其他手段把短期利益变成一个长期的好处。美国政府的信心有两大支柱，一个是美国强大的科技创新力，另一个是美国强大的军事实力。

后来的近半个世纪的时间证明美国政客似乎是对的。半个世纪对个人而言几乎就是一辈子，但是对国家和民族而言却有可能什么都证明不了。在二十世纪七十年代，谁能想到美国的这两个支柱会出问题呢？所以他们集体地忽视了经济学家后面半句的警告。

与黄金脱钩后的美元，很快与世界上最重要的大宗商品挂钩，保障了美元的地位稳如磐石。因为美国人上下其手，用金融和武力控制了石油的价格。随后美国的使命变成了让全世界人使用美元，为此，美国人摈弃了凯恩斯，选择了自由市场经济理论，美国人操纵石油价格的杠杆就是战争。印刷美元，然后再用国债回笼美元，这便像是陷入自己挖掘出的大坑里。

从这几十年的战争中我们可以看出，美国人发动的战争从目标到方式再到结果都很不相同。美国人的战争除了打烂别人的投资环境之外，还有驱赶资本流入美国的作用。

互联网的出现让美国面临危机，一旦危机发生短短几分钟之内资金就会大量出逃。为了应对这种危险，美国需要在最短时间里做出战争反应。这样我们就能明白美国人为什么热衷于建立"全球快速打击系统"了。

今天的美国是一个建立在美元上的帝国。要让这个帝国不垮塌，就必须保持美元的霸权，唯一的支撑就是军事手段。美国人明白，中国人也明白，世界人民都知道。

核弹和人民战争暂时终结了热战，但是控制美国的金融财团并没有放弃统治全球的梦想，这个坚持几百年来始终都没有改变过。

这几十年来鼓噪地球资源有限论的声音日益喧嚣，空气、水、能源、土地，这人类赖以生存的四大基本要素，现在已经成为稀缺资源了。争夺生存空间的争斗从来是人类社会的主题，未来这种争斗可能以最激烈的方式展现。

目前世界的和平来自美、俄、中三个主要核大国的核武器一直保持着可以互相毁灭的所谓"恐怖平衡"。美国弹道导弹防御系统的建立，开始打破这种恐怖平衡。核战争的可能性突然增大，已经变成实实在在的威胁。这种大形势下我们凡事都要从最坏处着想，才能做到有备无患。

中国的崛起是西方进行战争冒险的最大障碍，因为中国是具有健全工业体系、文化体系、国防体系和核武体系的自主性大国。而且也是唯一有能力以国家体系与金融资本从经济、政治、文化上进行全面抗衡的大国，因此解体中国成为金融资本集团的首要目标。

毫无疑问，对中华民族来说，未来的发展前景是艰难的！我们的文化、我们的传统都使得我们在战争准备上天然地弱于欧美日等习惯于用战争解决问题的国家。这样我们需要做两手准备：一手是非战争方式，我们需要再有持续的和平时间，来实现全面的复兴；另一手就是强化军备。中国的复兴绝对不是回到 1840 年那样的富而不强，而是与经济匹配的军事上的强大。

最有价值的牺牲

决定去美国生活的人们很少关注过美国历史上对中国人的态度。美国是一个移民国家，但是没有任何资料表明他们对中国人敞开过大门。因为在一个很长的时间段里，美国人是排斥中国人的。

很多人都没有注意过，美国人对华人的态度的转变发生在什么时间？目前我们知道的时间点集中在 1950 年以后或是 1964 年以后，第一个时间点的标志性事件是朝鲜战争，第二个是中国的原子弹爆炸的时间。

美国很年轻，他们对其他国家和民族的历史不感兴趣；他们很现实，谁有实力他们就看重谁；他们很骄傲，只尊重能打赢他们的对手。不歧视中国人是有可能的，因为这个世界上只有中国军队打败过美国军队。

美国人拍过无数的战争电影。即使是他们最终失败的越战，好莱坞也是把失败的原因归结为政客的卑鄙而不是他们的军人，他们很热衷于表扬他们军队的英勇顽强以及个人英雄主义。但是更为惨烈的朝鲜战争却几乎是被遗忘的，多少年没有任何人关注。美国政府直到前几年才建立了朝鲜战争纪念碑，纪念碑上写着"自由不是没有代价的"。美国的政客们无法对普通美国人解释那场战争的结果，这口气只能憋在心里，所以多采取回避的态度。直到苏联解体，出于对牺牲者的道义他们才树立了个纪念碑。但是电影依然是几乎没有，因为他们无法表现占据一切优势的美军怎么就是打不赢手拿简陋武器的中国军队。这在逻辑上实在讲不通，即使有无数著名的导演和明星演员却是谁也无法演绎。

美国人最终失败了，但是他们咀嚼苦果的同时，依然惦记着为自家的牺牲者树碑立传。我们胜利了，享受着先烈打出的和平，有人却质疑那些在冰雪与烈火中以血肉之躯和钢铁碰撞的烈士们无畏牺牲和无私奉献的意义和价值。这是我们心灵中不可碰触的禁区，因为这是我们灵魂的寄放之地。

一种观点说朝鲜战争中国没有赢，虽然我们从鸭绿江边打回了"三八"线，但我们的战略目标达到了。也有人说美国当时并没有动用全国之力，所以我们的胜利要打折扣。

一种观点是我们的牺牲也太大了，美国只死了几万人。其实这只是美国的计算方式，把美军和韩军的伤亡人数加到一起，我们就会发现真实的阵亡人数。

抗美援朝的意义比我们能理解的都大，其实这场战争也奠定了后来中美关系的基础。当年美国越过三八线的时候，周恩来总理兼外长宣告中国决不坐视。美国人听不懂，或者说根本不听，结果就是被迎头痛击，终于明白中国人所说的"勿谓言之不预也"是什么意思。若干年之后在越南，中国政府宣告美国军队不可以越过北纬 17 度线，结果美国听到了，并且听进去了，真的没有越线一步。

如果将中国的崛起视作是这三十年的成果，那就太过于短视了。近二百年的历史，特别是共产党的历史是一个一脉相承的过程。无论是历史的角度还是世界的范畴看朝鲜战争都是一个最重要的节点。

朝鲜战争之前的一百多年，中国版图破碎。所以有人说，朝鲜战争之前的中国并非现代意义上的主权国家。有人为二战之后中国政府成了联合国常任理事国而沾沾自喜，其实那只是形象工程，不说也罢。有人认为中国在大清朝的时候疆土最大，当时中国的很多地区与中央政府只是松散的藩属关系或羁縻关系。中国的一切在朝鲜战争之后彻底变了样，其意义无比深远。

朝鲜战争的胜利意味着我们的海防前进了一大块，有个朝鲜在那里挡着，中国相对要安全得多。朝鲜战争后东北地区有了安全保障，中国工业体系得到了大规模发展。

朝鲜战争改变了世界格局。也就是从那天起，中国在世界上有了发言权，也开始真正影响世界。

最后我们要说在朝鲜战争之前，没有一个中国人能够逃脱被视作劣等的歧视。黄色的面孔对欧美人而言只有两方面的意义：一个是横扫欧亚的蒙古铁骑带来的灾难，他们通常称作"黄祸"；一个是带来大面积死亡的肝衰竭黄疸，令他们感到恐惧。

1840 年之后，中国被列强轮番痛殴的百年历史强化了这种印痕，在西方眼中并不先进的日军横扫中国加深了这种印痕。这烙印刻在了每一个中国人的脸上，知道这个烙印是怎么抹去的吗？朝鲜战争中血肉之躯与钢铁的较量发挥了重要作用。

我们绝对无法接受对抗美援朝战争的质疑和否定。我们要对我们民族的历史作出界定，画出底线。基本底线就是所有为了民族利益作出的牺牲都是不可亵渎的。抗美援朝战争中烈士们的牺牲是当代中国富有价值的牺牲，将成为我们中华万年大业的基石和支柱。

我们后人们就是在这样牢固的基础上来规划未来和做出决策的，先人们的牺牲让我们有资本从容和有序地开展工作。

后发制人与决策顺序

领袖集团最重要的工作是决策。决策大体上可划分成先发制人和后发制人两种，这两种并没有明显的优劣差异。

先发制人讲究的是将危险扼杀在摇篮之中，但是也要直面后继不足的危险。后发制人固然可以获得卞庄刺虎的效果，但也可能演变成绥靖，倒过来伤着自己。先发有优势，无论是葡萄牙领先于各国的航海而得到巨大的好处，还是大英帝国领先于欧洲大陆的工业革命，都证明先发的优势。

中国人更爱后发制人，这一思想多次出现在古代帝王打江山的过程中，从卞庄刺虎到"深挖洞、广积粮、不称霸"一脉相承。美国人两次世界大战都是后发制人，夺取世界霸主地位并没有太多的人员牺牲，原因就是世界诸强已经打得天昏地暗和两败俱伤之后美国才出手。

决策没有一成不变的东西，但也不是没有基本的规则。先发制人往往是优势一方，这样能发挥优势，后发制人往往是没有绝对优势的一方采取的策略。

决策有时候是取舍问题，有时候是顺序问题。一般而言取舍不及顺序，取舍往往是不得已，而顺序问题往往更全面。我们拿新中国最著名的一个决策："两弹一星"与飞机项目的顺序来说明一下。

中国在苏联的支持下取得抗美援朝的胜利，共同的胜利拉近了中苏关系。其中最大的成果是苏联答应在原子弹、导弹以及空军等方面给予支持。

但是哪个才是最重要的方向呢？新中国的国防工业到底应该先搞什么？最初的时候，中央军委的意见是优先发展航空飞机，掌握制空权。

刚刚回国的钱学森却提出了相反的意见，他认为应首先发展导弹。钱学森解释道：导弹快，导弹远；导弹的材料是一次性的，没有尖锐的材料问题；而飞机的严重的困难在材料，而材料问题得靠经验靠积累，几十年难以解决。第一代领袖们听懂了，采纳了钱学森的意见。

我们的力量有限，财力物力人力都是如此。我们要解决的问题很多，但首先是不让敌人再起心思侵略我们，最佳方案就是我们也有实力，相当于敌人有精致的宝剑、锋利的长矛和弓箭，我们什么都没有，这种情况下优先发展弓箭，因为弓箭需要的材料最简单，还能有效地杀伤敌人，这样就能威慑敌人，这样我们就有了疗伤和复苏的时间。

半个世纪过去了，我们怀着深深的敬意，看着我们的领袖们在决策时采纳了钱学森先生的意见，这个顺序而不是取舍高明之极。我们在材料领域落后西方不止一百年，我们已经追赶了很多年，也缩短了与最先进的国家的差距，但是依然需要时间。我们的飞机的心脏——发动机依然不能令人满意，但是有了"两弹一星"的护佑，我们就有了时间去逐步解决无数个需要时间积累才能解决的科技问题。

今天回过头来看，我们就会发现，在战略问题上我们不是弱势，在这个领域我们恰恰是最有优势的。我们的底蕴来自五千年的传统和共产党近百年的实践，最好的案例就是中美苏"三国演义"。

软实力与武力

我们认为夸大文化在复兴中的作用只有害处没有好处。元朝比宋朝有文化？还是清朝比明朝有文化？大宋朝吃得最好，穿得最美，宋徽宗、宋钦宗琴棋书画样样精绝，却被金兵掳去，囚在土井里，成为敲诈勒索的筹码，屈辱至死。

世界上没有一个国家仅是靠了软实力崛起的，在全世界的历史上都找不到一个仅靠文化能强国的例子。

人类历史上很多民族过于追求享受了，积累了大量的财富，富有而没有武备的民族会引发豺狼的觊觎。

这个世界上无数的民族和国家由于战争失败而消失了，残酷到你甚至都看不到他们曾经存在过的痕迹。所谓的"落后就要挨打"，不仅是文化落后、经济落后，还有军事落后。

中国近代史是一部铁与血的历史。面对中国的落后，无数人努力着改变。但事实证明，打不赢战争一切努力结果都会大打折扣，最终证明还是得靠枪杆子。毛泽东率领的人民军队经过二十多年的战争，以数以千万计的伤亡代价方获得胜利，胜利之后的中国人才获得追赶西方的资格，须知这一切是枪杆子打出来的。

秦始皇征伐六国、神州一统；汉武帝大漠远征、金戈铁马；唐太宗战将如云、带兵亲征；成吉思汗大字不识几个，却纵横欧亚所向无敌……

不光是中国的历史如此，世界的历史也是如此。英国不靠海军消灭西班牙舰队，能成为日不落帝国吗？我们中华的软实力曾经最强大，然而，一旦打不过日寇，立刻面临抢掠侮辱屠杀差点亡国灭种。

我们强调武备只是为了警醒人们，战争距离我们并不遥远，较量无时不在，而且是一场基于充足的物质基础上的持久之战。

武器和利益支撑层面持久战

我们提请大家注意一个问题，就是政治家没有不明白军事的重要性的，问题在于也不是一味强军就一定会有好结果的。这世界上的事情没有这样简单，要这样简单所有的帝国都不会崩溃了。汉唐两朝都是很注重军事的，可中央权力一旦被削弱，就立刻陷入军阀混战的格局，最终导致四分五裂。宋朝就是基于这种教训又走向另一个极端——重文轻武，又导致面对游牧民族的入侵无力抵挡。中国人就是在这样的两难之中艰难取舍过了两千年。

强军的关键在于养军千日，用军一时，重点在一个养字上。能不能养得起是关键，怎么养才是重点。中国的政治家为此发明屯田制度，这可能是最先进的养军之法，就在于养军与用军一体化。

很少有人意识到，为什么是在汉武帝时代中国走向了保守呢？这显然是我们的生存空间决定的。我们中国人没有动力向东去寻找美洲大陆，我们尝试过下南洋，但依然是得不偿失的。

中国人走向保守是种大智慧，这是我们生存几千年而不崩溃的关键指引。这一点欧洲人不懂，俄国人不懂，美国人更不懂。中国的道家、儒家、法家都是在哲学上思考，都是在思索怎么更好地解决外部压力与内部矛盾的平衡，这一点上祖先们给予我们的智慧是很高明的。

中国近代失败的原因是更高层面上的问题，那就是西方人用科学技术制造出的利器我们很难抵御，好在科学的属性规定了科技可以学习和追赶。

五百年前开始西方人用大炮掠夺了世界财富，导致世界向西方倾斜。今天的世界发生财富大挪移，这一次财富向东方转移了。未来欧美没有财富的支撑，科技进步和军事装备的进步就少了可能。

人类社会科技门槛越来越高。目前向军事领域的投入，多数国家已经不能负担了。我们的政治家必须时刻警惕，利益平衡是生死大事，不可不察。未来的世界诸国谁能持久，谁就能够最终获胜。

海洋战略与海军建设

有人提出我们在军事上要跨越式发展，这玩意只是说着好听而已，并没有实际可操作性。事实上，世界各国都是按照自己的条件发展的，不可能搭建空中楼阁。蒙古铁骑源自草原游牧，中国强大的陆军源自中国巨量的人口和殊死拼搏的长期战争，英国、美国、日本等国海军强大源自地理环境。德、法、俄、中无法建设强大的海军是因为陆地之国海洋利益不支撑。成功是个水到渠成的过程，不是光想着挖渠就能解决的。有人感叹严复与马汉的不同命运，试图由此推断出中国是因为海军建设的落伍而导致的挨打，这观点似是而非。

在历史上，中国可不是人们传说的那样对海洋完全忽视。

实际上在 14 世纪，中国人的造船和海军武器技术处于世界领先水平，还发明了磁罗盘。下南洋更是从始至终贯穿明朝历史，只不过这种行动因没有利益支撑而终止。明朝的真正危险依然来自北方的游牧民族，向海洋发展搞错了战略力量的方向得不偿失也是明朝崩溃的一个因素。

满族入主中原之后，中国才真正解决了北方游牧民族和中原农耕民族的长期矛盾，随后迎来了人口大发展，谁也没有想到却遇到了来自海洋的更强大的敌人。海洋本来是中国的屏障，结果变成了软肋。但是我们也不能因此指责大清皇帝没有战略眼光，鸦片战争之前中国海军不发达是因为海外根本没有能够支撑中国发展海军的巨大利益。

1840 年，英法巨大的舰炮打碎了清朝的自大，从这时起中国人才开始学习西方。可惜的是又走错了路，当时中国最应该建立以陆地防御为主的国防体系，而不是摆个花架子表明自己也有海军。大清海军出海没有利益支撑，不出海买远洋大舰无用，这一错再错导致大清帝国大厦倾斜最终无法挽救。

我们从来没有打出去的战略，却在自己家门口耍大船，不断地往里面填银子，而得不到任何效益，最后连训练和维护的费用都短缺了。

资本主义发展过程中，海洋优势国家占据上风，主要原因是水运成本远远低于陆地运输成本。英国的主要利益来自海上，所以一开始就将海军放在第一位，这是由岛国环境决定的。美国最先的时候并没有将海军放在首位，只是到了 20 世纪初，美国国内市场饱和后出现经济危机，才促使美国政府将目光投向海外市场，并由此注重海军建设。

世界大国没有不注重海军的，但并不是所有的努力都有好的结果。一百多年前的德国在发展海军力量的时候，主要目标并不是远洋海军而是近海力量，这表明要把矛头指向英国海军，故而引起英国高度警惕随之引发战争。俄国从来是试图建立强大的海军的，但是没有海洋的商业利益支撑，几百年来是光开花不结果。

新中国建立之后，先注重陆地国防，保障国土安宁。我们最初没有大规模建立海军，这不是我们领导人概念落伍而是非常正确的顺序和节奏，到了海洋利益足以支撑海军的时候再转向海军建设是明智的。改革开放之后，我们的商路主要是海洋，造船业也成为世界第一。东海、南海的领土之争，"台独"的威胁和挑战，以及美国收缩之后的商业利益的保护都需要建立一支强大的海军。需求决定供给这一商业规则也是适用于政治军事领域的。

我们今后要建立强大的海军，是因为我们已经有了巨大的海外利益，这利益是保障海军运行的源头，这是个相辅相成的过程。

以戈止武

人类的发展不是永远和全体进步着的，一些文明就消失在历史长河之中了，事实上战争几乎伴随着人类的全部历史。创造出最辉煌农业文明的中华民族在近代落伍了，差一点亡国灭种，幸运的是我们靠着艰苦卓绝的奋斗又获得了复兴的机遇。本来工业化的大门并没有向中国打开，是我们全体中国人用血泪汗水愣愣地挤了进去，这进步是用无数的牺牲换来的。

历史昭示我们，灿烂文化和富裕生活都必须由武力保障才能享受，否则文化优越和积累财富会变得如履薄冰。三百年来西方超越我们，最主要的是他们工业化之后有了明显的军事优势。

对一个民族来说，生存和发展的重要的智慧之一是军事思想。如果中国人没有抵抗侵略的战争能力，中华文明可能早就不存在了。中国人在血与火的锤炼中凝聚出俾睨世界的战略战术，古代有孙子兵法，当代有毛泽东军事思想，这都是人类军事思想的丰碑。所以我们自豪，因为我们中国有世上最丰富和最高明的军事思想宝库。

我们今天享受着先人们留下的红利，却很少有人提到战略红利，就是没有人敢动我们念头的和平红利。要知道是毛泽东时代创造的"两弹一星"和全民皆兵、人民战争护佑着我们国家的安全。

我们必须明确军事是生死大事，忘战必危。今后，我们必然会面对战争，而在战争问题上我们必须做最坏的打算。

我们必须明白，世界上的中小国家都是中间势力，他们总是游移于世界大国之间。世界各国只要不是敌视中国的都是我们团结的对象，但是我们绝不再接受某些国家在我们核心利益范畴上下其手。

我们必须明示，东海和南海是中国的核心利益，不容侵犯。美国若是越过这条红线，我们将有所行动。中国必须有不惜砸烂一切的勇气和果敢，让世界知道中国人的决心。

我们必须知道政治的力量远远大于经济，军事力量是最大的政治力量。我们不必担忧发展军事会拖垮经济，因为我们已经可以保障军事和经济利益的良性循环，我们必须要确保国家安全，经济才能得到更大发展。

我们应该自信，因为中国政府具有超强的资源整合能力，无论是计划经济还是市场经济我们都实践过。

世界真正的危机是美国能否阻止衰败，美国安身立命的金融、货币、军事、科技四大优势是否还在。所以我们要防止有人狗急跳墙，我们只能以戈止武。

我们再强调一次，就是人类进入工业化社会之后真正的财富是由市场和需求产生的，所以中国的最大财富其实就是我们工业化之后的全国大市场，这就是我们的财富之源，这也是世界最大的富源，所以我们需要武力来保护我们的市场和财富。

现在我们要明确，无论政治还是文化都是我们中国人的优势领域，经济领域我们正在变强，我们真正的短板在军事上。我们要加强军事意识，这也是为什么本书中我们把军事放在最后也是最重要的位置的缘故。

最后，我们要说，中国是我们全体中国人的家，让我们一起来建设它，一起来捍卫它。

后　记

寰球同此凉热！

　　中国的传统具备了集体主义基因，使得中华文明延续至今，这也是中国在落后的状态下依然能够逆转、能够复兴的原因。

　　谁也不能否认，这一百多年的逆转和复兴完全是因为有了中国共产党这个强有力的领导核心，这既是历史也是现实。未来也只有在中共的领导下中国才能完成复兴大业。所以在中国尚未完成复兴大业的情况下，任何试图削弱中共的领导的企图，要么是无知的要么是敌意的，是不会被大多数希望过上好日子的中国人所接受的。中国共产党把中华民族的利益放在首位，所以我们这个党就拥有无限的底气。我们党是为人民服务的，所以我们的政治体制就是世界最先进的体制，我们用不着顾虑和担忧指责。为了确保中华复兴，在未来我们党的领导作用不是要削弱而是要加强。

权力是为大众服务的，这种理念古已有之并且已经成为中国人的共识，这恰是我们的优势所在。在这个基础上，我们需要不断改进：未来中国民众参政的路径和渠道需要设计和不断改进；我们需要在安定和秩序的基础上实现对权力有效的监督；中国全民政治意识的普遍觉醒可以和网络技术结合，转变成有利于社会进步的积极因素；当今世界科学技术的飞速发展也使得很多先进的理念和方式都有机会得到检验和落实。各种因素导致这些渐进的进步是完全可以预期的，我们可以乐观地预计，经历了无数曲折的中国人最终会创造出世界上最先进的政治架构。

我们也要明确，中国经济上的优势一定程度上在于过去我们实行了计划经济。要知道计划经济是金融资本梦寐以求但是从来没有达成的境界，而在中国却可以靠强大的政治力量来实施，这就是我们能够快速逆转和超常规发展的原因。但是凡事有一利就有一弊，全部以计划的形式管理经济也会减弱社会经济活动的活力，所以中国这三十年来在一些领域引进和恢复了市场因素，这并不是什么错误。事实上，市场经济对中国人而言也是驾轻就熟的，中国社会本来就具有强悍的经济活力，补上了工业化这一课之后，中国社会的各种优势就会发挥出来，所以在公有制基础上实行社会主义市场经济就成为中国经济不断发展的体制保障。

人类社会的财富是由物质财富和精神财富组成，由人类从地球上获取物质和能量的劳作构建而成。金钱只是人造的润滑剂性质的附件，不能成为社会整体追逐的目标，货币可以是管理社会的有效手段，但不是国家政府施政的最终目的。

要知道我们中国花了二百年的时间，付出无数人的血汗和牺牲才换来工业化的资格和本钱。我们要坚持以社会财富的增加为根本的发展模式，而不能以金钱为第一目标。我们最重要的经济改革应该是加强国家在重要产业的垄断地位而不是全面私有化，这是我们中国经济工作的立脚点。

在文化建设上，我们要做的是恢复我们的文化自信，而不是继续自卑自虐。我们既不会去翻故纸堆，也不会跑到洋人那里乞讨，而是需要深度挖掘和宣扬我们这百年来创立的新文化。

中华民族有世界上独一无二的灿烂文化，但是我们需要明确，现在的中国主流文化是基于百多年的苦难和抗争凝结而成的中华新文化。新文化根植于中国的传统文化，但是又高于传统文化。新文化是由我们民族这近二百年的苦难孕育出的无私奉献、团结奋斗、忘我牺牲、勇敢坚强等一切优秀品质和成果构建而成，故而是世界上最先进的文化。

我们的新文化比西方文化先进这不是自夸而是事实，因为我们的苦难是发生在当下的，我们的苦难是自身承受的，我们的自我激励是自力更生的，我们是战胜自我，我们是战胜强敌，我们是无私牺牲，中国新文化的先进性最直接的证明来自朝鲜战争的结果，六十多年前在武器大大落后的情况下我们就能和多国联军打成平手，至少说明我们更勇敢。

世界是大国的舞台，国与国之间的关系更接近丛林法则，所以中国的政治家必须继续时刻将民族利益放在首位。

古人说"行百里，半九十"。中国目前就处于这个阶段。这是一个依然极其艰巨的时段，需要我们更加努力。

我们需要谨慎但无需怯懦，我们有足够的勇气前行。最艰苦的日子先辈们已经为我们扛过去了，中华民族全面复兴的实现就在前面。五千年列祖列宗的神灵智慧护佑着我们，中华大地锦绣山河的物宝天华滋养着我们，十几亿勤劳勇敢的中国人支持着我们，这都是我们的力量源泉，我们一定会实现中国复兴的梦想。而且中国复兴的意义将超越中国本土，它对全人类的进步都有指引意义。

新华门前的横幅上写着"伟大光荣正确的中国共产党万岁!"这是历史的真实写照。我们这个党过去的辉煌成就依然放射着光芒，这光芒指引着我们继续前进。中国共产党的伟大来自先辈们前赴后继的牺牲，光荣源自近百年的奉献，正确是由于不断的胜利。我们这个党现在已经有了八千多万的党员，党员人数甚至超过一些国家的人口数。这样一个大党未来不可能独立于中国而存在，没有也不可能再有自己的小集团利益，所以必然也必须是整个中华民族的代表。事实上当我们党将自己的利益与中华民族的利益合为一体的时候，就和中国的命运连在了一起。

我们今后的工作依然伟大，依然光荣。这伟大依然是出于无私，这光荣一定来自中华民族复兴的实现。"一百多年以来，我们的先人以不屈不挠的斗争反对内外压迫者，从来没有停止过。""……我们的先人指示我们，叫我们完成他们的遗志。"（《毛泽东选集》第五卷，人民出版社 1977 年 4 月第 1 版，第 5 页）我们的父辈们奉献了无数的生命、鲜血和汗水，我们的母亲们忍受了太多的饥饿、伤痛和眼泪。中华民族复兴就是一百多年来无数仁人志士抛头颅、洒热血、前赴后继、百死无悔的追求。"我们中华民族有同自己的敌人血战到底的气概，有在自力更生的基础上光复旧物的决心，有自立于世界民族之林的能力。"（《毛泽东选集》第 1 卷，人民出版社 1991 年版，第 161 页）复兴的道路由无数先辈的牺牲铺就，复兴的底蕴源自数十亿人的劳作和奉献，复兴的伟业无上光荣和伟大。这伟大促使我们去除私欲，这光荣激励我们超越自我。完成复兴的使命将使我们能够分享先辈的神圣和光荣，中国复兴梦想的实现也使得我们今天的努力镌刻在青史之上。

中国共产党万岁！

中华人民共和国万岁！

中华民族万岁！